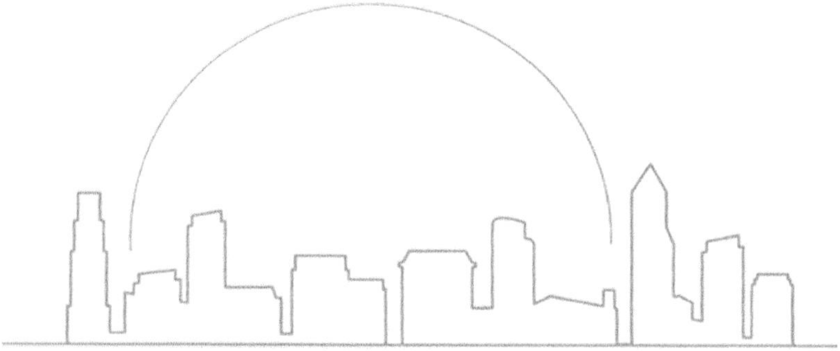

社区安全管理

武晓敏　贾丽 / 著

中国社会出版社
国家一级出版社 · 全国百佳图书出版单位

图书在版编目（CIP）数据

社区安全管理 / 武晓敏，贾丽著．-- 北京 ：中国社会出版社，2024.6
ISBN 978-7-5087-7044-4

Ⅰ.①社… Ⅱ.①武… ②贾… Ⅲ.①社区－安全管理 Ⅳ.①D669.3

中国国家版本馆 CIP 数据核字（2024）第 080832 号

社区安全管理

出 版 人：程 伟
终 审 人：余细香
责任编辑：李新涛
装帧设计：时 捷
出版发行：中国社会出版社
（北京市西城区二龙路甲 33 号　邮编 100032）
印刷装订：北京九州迅驰传媒文化有限公司
版　　次：2024 年 6 月第 1 版
印　　次：2024 年 6 月第 1 次印刷
开　　本：170mm × 240mm　1/16
字　　数：270 千字
印　　张：14.25
定　　价：78.00 元

目 录

第一章　社区安全管理概述

第一节　社区安全管理的内涵

一、社区安全概述

（一）安全的概念

我们通常说："无危则安，无损则全。"安全是指免受人员伤亡、财产损失或环境污染的状态。比如楼房的阳台防护栏，如果在与地面同样高度的楼层不加阳台防护栏，我们认为是安全的；但如果在2层及2层以上的楼层不装阳台防护栏或出现防护栏生锈等情况时，我们认为是不安全的。安全是相对的，同一个事件要针对不同的状态进行安全分析和判断，因此很多情况下，我们要针对不同的场景进行安全评价。

国家安全生产监督管理总局发布的《安全社区建设基本要求》（AQ/T 9001—2006）中对安全的定义为：安全是指免除了不可接受的事故与伤害风险的状态。

（二）社区的概念

"社"是指相互有联系、有某些共同特征的人群，"区"是指一定的地域范围。目前，社会学家对社区的定义有140多种。大家公认的社区概念为：社区是指相互有联系、有某些共同特征的人群共同居住的一定的区域。

德国社会学家F. 滕尼斯是最早使用"社区"这一名词的人，F. 滕尼斯认为社区是指"由具有共同的习俗和价值观念的同质人口组成的，关系密切的社会团体或共同体"。

从F. 滕尼斯开始到现在，人们对社区的理解发生了很大的变化。因此，关于社区的定义和解释也就多种多样。现阶段，这些众多的定义可分为两大类：一类强调精神的共同体（如具有共同的传统价值等）；一类强调地域的共同体（具有共同的居住地，“在一个地区内共同生活”）。

在汉语里，“社区”其实是个外来语。20 世纪 30 年代有个著名的中国社会学家把英语单词 community 翻译成“社区”，从此汉语里有了这个词语，人们习惯性地提到社区就想到 community 这个单词。

我国学者对社区的一般定义有：

唐忠新在《中国城市社区建设概论》中指出：社区是指由居住在某一地方的人们结成多种社会关系和社会群体，从事多种社会活动所构成的社会地域生活共同体。徐永祥在《社区发展论》中认为：社区是指一定数量居民组成的、具有内在互动关系与文化维系力的地域性的生活共同体；地域、人口、组织结构和文化是社区构成的基本要素。《中国大百科全书·社会学》指出：人类总是合群而居的，社区通常指以一定地理区域进行聚居、活动的场所。

国家安全生产监督管理总局发布的《安全社区建设基本要求》（AQ/T 9001—2006）指出：社区是指聚居在一定地域范围内的人们所组成的社会生活共同体。

（三）社区安全和安全社区的内涵

社区安全是社会稳定、和谐的基础，安全社区是全面建设小康社会、构建和谐社会和平安社会的重要组成部分，是落实以人为本，全面、协调、可持续科学发展观的重要措施之一。

1. 社区安全的内涵

国内外有不少学者主张把社区安全等同于社区治安，这是对社区安全的狭义理解。即加强社区安全管理，采取有效措施预防违法犯罪行为的发生，把各种不安定的因素消灭在萌芽状态，及时调解可能出现的社会矛盾，以保护公民的人身与财产安全，满足居民的安全需要，保护国家、集体的财产安全，维护社区的正常秩序，确保社区建设的顺利进行。

世界卫生组织是主张广义“社区安全”的主要代表。世界卫生组织认为，社区安全包括交通运输安全、体育运动安全、设施设备安全、涉水安全、家居安全、公共场所安全、工作场所安全、老年人安全、儿童安全和学校安全等多个方面。显然，广义“社区安全”的内容远远超出了社区治安的范畴。

发达国家在经济比较发达、社会保障体系比较健全的情况下，违法犯罪特别是一般侵财性违法犯罪问题并不是影响社区安全的主要问题。因此，他们对社区安全的关注已经大大扩展到各类伤害，这代表了社区安全的发展方向和趋势，需要加以关注和借鉴。

综上所述，社区安全的范围应略宽于社区治安，社区安全面临的问题主要包括犯罪行为治安侵害、安全隐患、意外伤害、矛盾纠纷等多项内容。社区安全就是在政府有关部门的指导和支持下，社区有关组织积极整合社区内外各方面力量和资源，积极采取各种有效措施防范犯罪行为和治安侵害，杜绝安全隐患，防止意外伤害，减少社区成员之间的矛盾纠纷，避免社会断裂等，努力为社区成员创造安定和谐、安全有序、安居乐业的社区环境。

2. 安全社区的内涵

“安全社区”的概念是世界卫生组织于 1989 年 9 月 20 日在瑞典斯德哥尔摩召开的第一届事故与伤害预防大会上正式提出的。1989 年 9 月 20 日世界卫生组织第一届事故与伤害预防大会上，来自全球 50 多个国家的 500 余名代表一致通过并向全球发表了《安全社区宣言》。宣言宣布：人人都平等地享有健康和安全的权利。这一原则是世界卫生组织推进全人类健康和全球预防意外及伤害控制计划的基本原则。

2000 年我国香港地区引入“安全社区”理念；2003 年我国台湾地区引入“安全社区”理念；2004 年我国内地引入“安全社区”理念。

国家安全生产监督管理总局发布的《安全社区建设基本要求》（AQ/T 9001—2006）中定义：安全社区是指建立了跨部门合作的组织机构和程序，联络社区内相关单位和个人共同参与事故与伤害预防和安全促进工作，持续改进地实现安全目标的社区。

社区安全是社会安全、生产安全的基石。社会安全意识薄弱，社区安全基础差是造成社区安全隐患长期存在的主要原因，安全隐患的存在是造成安全形势严峻的主要方面。通过建设安全社区，整合社区资源，强化社区功能，逐步改进社区基础设施，推动安全文化和安全科技进社区，大量开展安全教育和宣传，是提高人们的安全意识，改善安全形势的主要措施。

（四）社区安全管理

在全球范围内，社会安全治理大多呈现重心下移的趋势，社区作为社会公共安全治理的基本单元和重要载体，其安全治理效能直接影响着社会的稳定与发展，社区安全管理能力和体系的现代化程度已成为衡量社会治理现代化水平的重要指标之一。

社区是社会治理的最小细胞单元，也是存在于以往社会治理中的“最后一公里”，实现社区的安全和稳定是提升社会安全治理效能的前提和基础。社区安全涉及现实生产生活的各个方面，当前社区安全的主要关注点是治安治理、防范安全事故和自然灾害，最终目的是为居民营造一个既安全又健康的学习生活工作环境。随着时代的不断进步，居民对美好生活的追求更加多元化，他们关注的社区安全不仅仅是人身与财产的安全，同时还包括组建社区安全机构、提高社区对灾害风险的处置能力、培养居民参与安全治理的思想意识等方面。社区安全管理是以居民为中心来讨论安全，把社区安全管理作为一个过程和一种状态，真真切切地将人作为考量因素而努力。

二、社区安全管理的目标

（一）安全管理目标基准的设定

一是应达到国家和地方相关法律法规对社区安全的基本要求。

二是应满足业主或使用人对安全的委托要求，即物业服务合同所载明的要求。

三是应以企业、行业安全管理优秀标准为目标。

（二）安全管理目标的细化

从社区安全管理总目标中分解细化后的目标应该具有可实施性、可检验性。具体细化见表 1–1。

表 1–1　社区安全管理目标的细化

总体目标	具体目标
治安管理目标	1. 编制科学合理的安全管理相关制度，并保证其得到有效执行
	2. 负责辖区日常的治安管理，保证业主生命和财产安全，保证恶性治安事件发生次数为零
	3. 负责辖区内突发事件的处理，保证业主对处理结果满意度评价在____分以上

续表

总体目标	具体目标
消防管理目标	1. 编制科学合理的消防管理相关制度，并保证其得到有效执行
	2. 负责消防火灾安全隐患的排查，保证辖区消防事故发生次数为零
	3. 负责消防设备设施的日常管理工作，保证设备设施的完好率达到____% 以上
车辆管理目标	1. 编制科学合理的车辆管理相关制度，并保证其得到有效执行
	2. 负责停车场的日常管理和协调管理，保证机动车辆被划和剐蹭等事件发生次数为零
	3. 负责日常车辆费用收缴管理工作，保证车辆费用收缴率达到____% 以上
设备设施安全管理目标	1. 负责安全设备设施的日常管理工作，保证设备设施的完好率达到____% 以上
	2. 保证设备设施故障造成的伤人或财产损失事故发生次数为零
	3. 编制科学合理的自然灾害应急相关制度，保证能够采取有效应对措施并减少损失

（三）社区安全管理量化指标

在社区安全管理过程中，必须有量化指标，通常可以使用的量化管理指标见表 1–2。

表 1–2　社区安全管理量化指标

名称	计算测定标准	推荐标准
治安案件发生率	Σ治安案件发生次数 ÷ Σ社区总人数 ×1000‰	治安案件发生率≤5‰
刑事案件发生率	Σ刑事案件发生次数 ÷ Σ社区总人数 ×1000‰	刑事案件发生率≤1‰
火灾发生率	Σ火灾发生次数 ÷ Σ社区总户数 ×1000‰	火灾发生率≤1‰ （不发生重大火灾事故）
安全管理有效投诉率	Σ安全管理有效投诉次数 ÷ Σ社区总人数 ×100%	安全管理有效投诉率≤2%
安全管理有效投诉处理率	Σ完成处理有效投诉次数 ÷ Σ有效投诉次数 ×100%	安全管理有效投诉处理率 =100%
社区安全管理客户满意度	Σ调查中客户满意人数 ÷ Σ调查总人数 ×100%	社区安全管理客户满意度≥ 95%

三、社区安全管理的方法

社区安全和生产安全一样，需要精心部署、认真安排、严格落实，才能不断抓出成效。但社区安全管理又是一项不同于生产安全管理的全新的工作，有其自身的要求和规律。为此，应建立或借鉴一套科学的、规范的工作方法，并通过积极探索，大胆实践，以不断取得新的工作成果。

在总体规划方面，社区安全管理应遵循系统管理方法，既要明确工作方案、总体工作框架思路，又要明确年度、季度的工作计划甚至单项工作计划。

在制度建设方面，社区安全管理应贯彻 HSE 管理体系理念，制定行之有效、利于监督考核的规章制度，并适时组织监测监督和评价审核。

在信息沟通方面，社区安全管理应按照信息管理理论的要求，建立平台，畅通渠道，整合资源，实现全员参与。

在日常操作方面，社区安全管理应按照 PDCA 模式，指导和控制社区安全过程各环节工作。

第二节　社区安全管理中的常用理论

社区安全管理的核心是保障业主的人身和财产安全，只有做好“预”和“防”，做好日常监管和隐患排查，才能避免和减少事故的发生。任何企业都无法杜绝事故的发生，但任何事故的发生都遵循着一定的规律，这些规律是从大量事故中提炼和总结出来的，对社区、企业等的安全管理具有借鉴和参考意义。本节主要讲授社区安全管理中的常用理论，包括事故因果类型、多米诺骨牌理论、轨迹交叉理论、PDCA 循环和治理理论。

一、事故因果类型

常见的事故因果类型可以分为以下三种。

（一）连锁型

一个因素（A_1）促成下一个因素（A_2）发生，下一个因素又促成再下一个因素（A_3）发生，彼此互为因果，互相连锁导致事故发生，这种事故模型称为连锁型，如图 1-1 所示。

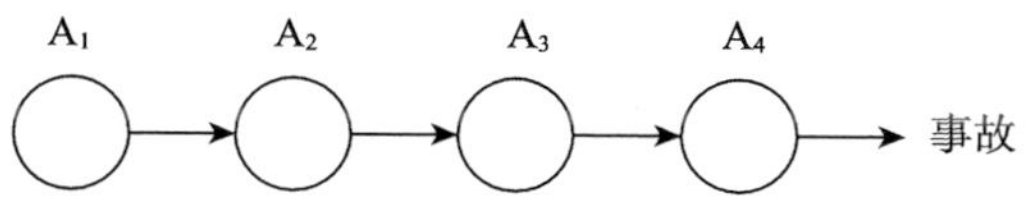

图 1-1　连锁型

（二）多因致果型（集中型）

多种各自独立的因素在同一时间共同导致事故的发生，称为多因致果型，如图 1-2 所示。

（三）复合型

某些因素连锁，某些元素集中，互相交叉，复合造成事故，这种事故模型称为复合型，如图 1-3 所示。单纯连锁型或单纯多因致果型的事故较少，事故的发生多为复合型。

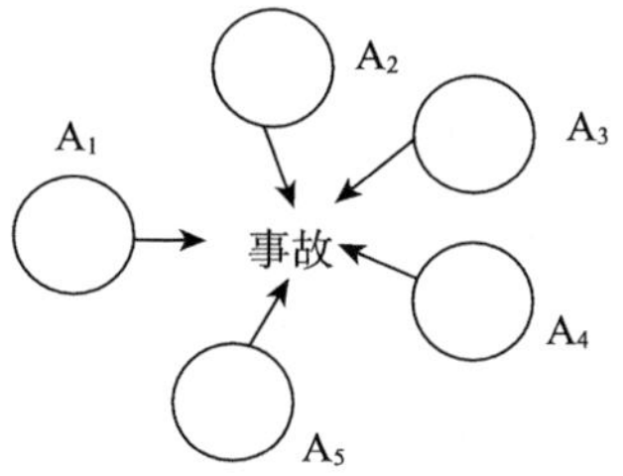

图 1-2　多因致果型

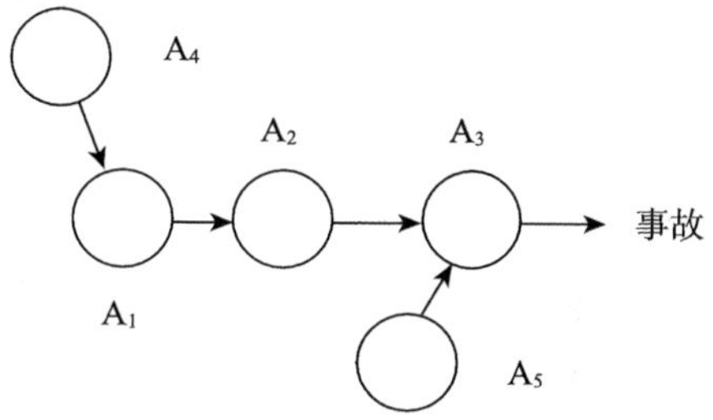

图 1-3　复合型

二、多米诺骨牌理论

事故致因理论中，海因里希的多米诺骨牌理论是人们所共知的。该理论认为事故的发生不是一个孤立的事件，而是一系列原因相继发生而导致的结果。该理论是由德国将军海因里希首先提出的，用于阐述事故产生的原因，该理论又被称为海因里希因果连锁理论。

海因里希提出的多米诺骨牌理论将事故的发生和发展过程概括为遗传及社会环境、人的缺点、人的不安全行为或物的不安全状态、事故、伤害五种因素，如图 1-4 所示。

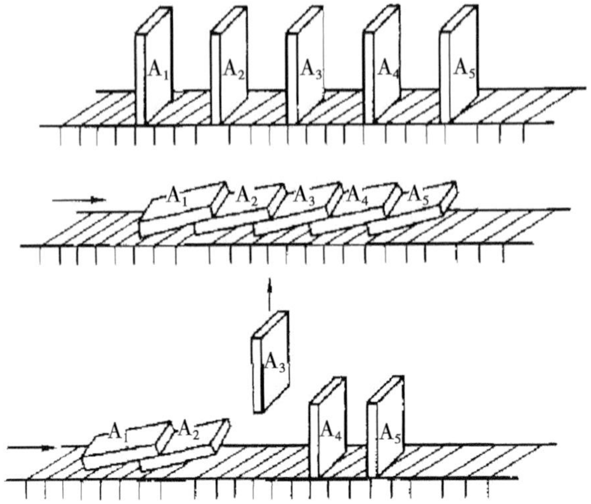

图 1-4　海因里希事故因果连锁示意图

（1）遗传及社会环境（A_1）。遗传因素不仅影响我们的相貌，还影响我们的性格，比如鲁莽、固执粗心等性格就和遗传有很大的关系，当父母具备固执、粗心等性格时，其子女也会受到一定程度的影响。社会环境也会对人的安全意识产生一定的影响，比如学校进行的事故演练、周围人的言传身教都会影响人的安全素质的培养。遗传及社会环境因素是最基本的因素，它给我们的启示是要想提高整个社会的安全素质，必须从家庭和社会的培养抓起。

（2）人的缺点（A_2）。人的缺点一般是由遗传及社会环境造成的，其主要表现为粗心、固执、投机取巧、鲁莽、轻率、不懂装懂等，也包括缺乏安全知识和技能，安全教育和培训不到位等。

（3）人的不安全行为或物的不安全状态（A_3）。人的不安全行为通常是指没有按照制度、规程等进行正确操作，比如不遵守交通规则横穿马路等。物的不安全状态通常是指设施设备等存在安全隐患。如交通信号灯故障。人的不安全行为或物的不安全状态通常是由执行或管理监督不到位等原因造成的，该因素是离事故发生最近的原因，是导致事故发生的重要原因。

（4）事故（A_4）。事故是突然发生的，违背人们意志的，迫使活动暂时或永久停止的，可能造成人员伤亡、财产损失或环境污染的意外事件。96% 以上的事故都是由人的不安全行为或物的不安全状态造成的，都可以通过人的不安全行为或物的不安全状态进行事故原因分析。

（5）伤害（A_5）。这里的伤害通常是指造成的人员伤亡，给人们造成的身心伤害和财产损失等。

A_1、A_2、A_3、A_4、A_5 这 5 块骨牌形象地描述了海因里希的事故因果连锁关系，如果其中的一块骨牌如 A_1 倒下了，则 A_2 就会倒下，后面的骨牌 A_3、A_4、A_5 相继倒下，这就发生了连锁反应。而如果在此过程中移去中间的骨牌 A_3，则连锁反应被破坏，事故 A_4 和伤亡 A_5 就不会发生，事故的连锁反应被破坏。

该理论对社区和企业等的安全管理具有积极的意义，它表明安全管理的重点就是中间的骨牌 A_3——人的不安全行为或物的不安全状态，只要阻止人的不安全行为，避免物的不安全状态，事故的进程就会中断，伤亡就不会发生，这为我们进行安全管理指明了方向。

该理论也有一定的不足，比如把事故因果连锁关系的描述过于简单化，遗传及社会环境（A_1）骨牌倒下后，不一定会导致人的缺点（A_2）的产生。比如人的缺点带来的问题可以通过后天的教育和技能培养、技术的不断提高和设备的人性化改进等措施避免。即使有人的缺点（A_2），也不一定会出现人的不安全行为或物的不安全状态（A_3）。骨牌之间有一定的因果性，但没有必然性。但海因里希提出的多米诺骨牌理论为后面的安全理论研究奠定了基础，促进了安全理论的研究和发展，具有重要的历史地位。

三、轨迹交叉理论

轨迹交叉理论是在多米诺骨牌理论的基础上发展出来的，该理论认为事故是一系列事件相关联产生的结果。导致事故的事件主要包括人的原因和物的原因两大系列，一般情况下，人的原因和物的原因在各自的轨道内运行，互不交叉。物的原因包括物的不安全状态、起因物和致害物，起因物和致害物可以是同一个物体，也可以是不同的物体。人的原因包括人的不安全行为、肇事人和受害人，肇事人和受害人可以是同一个人，也可以是不同的人。比如肇事人可以对其他人造成伤害，也可以对自己造成伤害。当人的原因和物的原因在某一特定的时间和空间产生交叉时，事故就会发生。该理论的事故模型如图 1–5 所示。

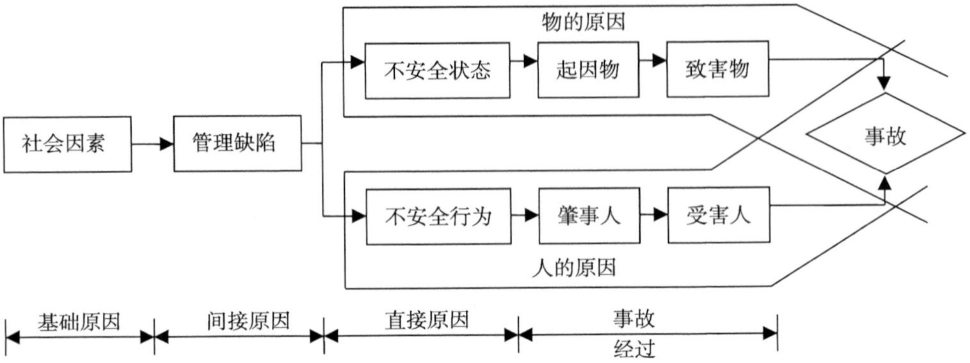

图 1-5　轨迹交叉理论事故模型

轨迹交叉理论真实呈现了很多事故的原因，在社区、物业、企业的管理过程中，大多数事故是由人的不安全行为和物的不安全状态同时相关造成的。该理论强调了人的原因和物的原因占有同等重要的地位，安全管理过程中要避免人的不安全行为和物的不安全状态的同时存在，尽可能让两者都不存在，从而减少事故的发生。

四、PDCA 循环

（一）PDCA 循环概述

PDCA 循环是 1930 年由休哈特提出的，后来由美国质量管理专家戴明博士深度挖掘，成为产品质量持续改善的一个通用模型。PDCA 循环又叫质量环，包括 Plan（计划）、Do（执行）、Check（检查）、Action（纠正）四个部分。PDCA 循环就是按照这样的顺序进行质量管理，并且循环不止的科学程序。

PDCA 循环不仅应用于全面质量管理中，还可以很好地运用在安全管理中。社区安全管理的过程包括社区安全计划的制订、社区安全计划的执行、社区工作人员的检查和社区下一步计划制订和执行情况的纠正等内容，其就是根据 PDCA 循环的四个部分执行，并且不断循环改进的。实践证明，PDCA 循环可以运用于质量管理体系的科学程序，也可以运用于一切循环渐进的管理工作。

（二）PDCA 循环的四个阶段

一般情况下，一个完整的 PDCA 循环要经历四个阶段，每个阶段包含的步骤如图 1-6 所示。这四个阶段分别是策划阶段（Plan）、实施与运行阶段（Do）、检查与纠正措施阶段（Check）、管理评审阶段（Action）。

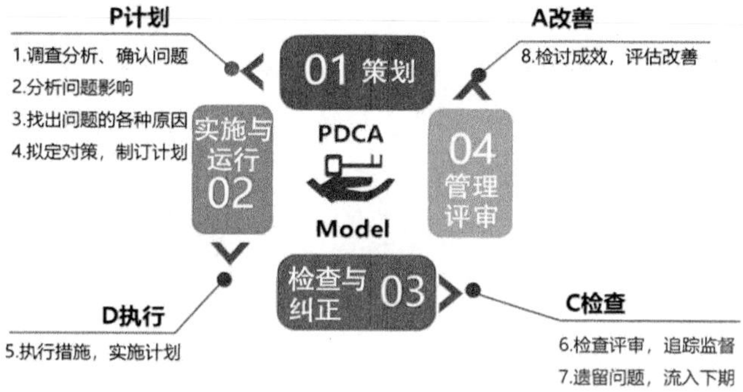

图 1-6　职业安全健康管理体系基本要素与运行模式

（三）PDCA 循环的应用

电梯安全管理一直是物业和社区重点关注的内容，下面我们就以禁止电动车进入电梯为例，详细介绍 PDCA 循环的应用。

2020 年 8 月 8 日，广西南宁一名女士将电动车推进电梯，电梯厢门刚关上不久，电动车突然冒出浓烟，还伴随着火光，女子瞬间被浓烟吞噬。时隔 9 个月后，四川成都某小区又发生一起电动车在电梯内自燃的事故，造成 5 人受伤，其中最小的伤者是一名仅 5 个月大的婴儿。事故一经报道，“如何做好电梯安全管理，禁止电动车进入电梯”成为社区安全风险防范的重要话题。针对这个问题，我们使用 PDCA 循环进行科学、有效的管控，排除该因素在物业项目管理中的安全隐患。

P 阶段包括原因分析和制订计划。首先对禁止电动车进入电梯这一案例进行事故原因分析。主要从人、机、环、料、法五个方面分析，如图 1-7 所示。人的方面主要包括业主将电动车推入电梯、物业劝阻不及时等因素；机器设备方面主要包括电梯为特种设备，轿厢是一个密闭空间，电梯轿厢未安装阻车系统等因素；环境方面主要包括没有停车充电桩或充电桩与车辆配备比例失衡等因素；料的方面主要是指电动车电池的不稳定性等因素；法的方面主要是指电动车管理的法律法规尚未健全等因素。其次主要从人、机、环三个方面运用 PDCA 循环制订计划，以将事故发生率降至为 0。

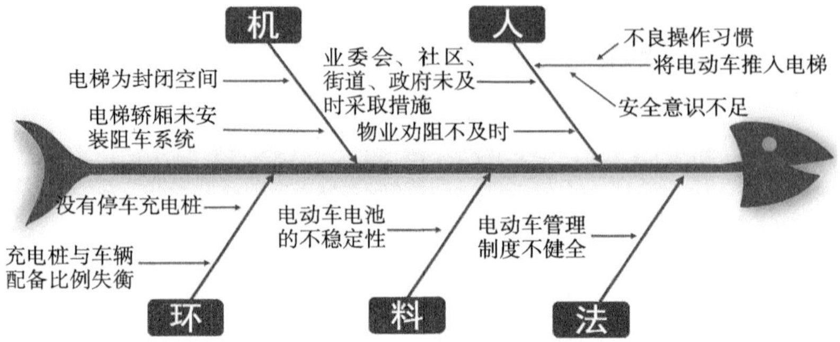

图 1–7 电动车进入电梯事故原因分析

D 阶段主要是按照计划开展工作，如秩序部张贴警示标语、客服部开展安全教育讲座、工程部安装电梯阻车系统。

C 阶段主要总结执行过程中的结果，并记录存在的问题。比如部分业主会对摄像头进行遮挡。

A 阶段主要对实施过程中存在的问题进行科学的分析，如定期更新系统、发现遮挡物立即清除。

D 阶段、C 阶段和 A 阶段的具体执行情况如表 1–3 所示。

表 1–3 禁止电动车进入电梯的 D、C、A 阶段

序号	目标任务	如何执行	执行部门	检查部门	期限	反馈
1	张贴标上电动车进入的通知	根据《高层民用建筑消防安全管理规定》，不能在高层民用建筑公用通道或者消防通道停放电动自行车或者为电动自行车充电。将通告张贴至电梯口	秩序部	品质部	三天内	已完成
2	划分电动车停放区域	全体业主表决，按楼层划分区域，设置停车桩并安装停车棚防止雨水浸湿	工程部	品质部	三周内	未完成
3	在停车区域内安装充电桩	1. 管理人员进入安装现场勘查并制定方案 2. 向当地供电部门申请用电报装 3. 线路铺设做好防漏电措施 4. 停车地面铺设绝缘胶皮 5. 加装自动喷淋系统	项目经理 工程部	品质部	一月内	未完成
4	加强宣传	在车棚安装期间，加强消防安全知识宣传	客服部	品质部	长期持续	持续完成
5	通知业主	客服管家通过业主群通知业主车棚设置区域并正式开放使用	客服管家	品质部	两天内	已完成
6	加强巡罗	秩序部增加巡逻班次，检查业主是否按规定停放	秩序部	品质部	长期持续	完成度不高

对未完成的内容和遗留问题交给下一个 PDCA 解决。

电梯火灾隐患只是物业项目管理安全风险防范中很小的一部分，物业项目的安全风险管理所涉及的内容更加复杂。针对消防、设施设备、工程管理、环境绿化等系列问题我们都可以运用 PDCA 循环理论进行方案制订，通过方案的执行、检查执行结果、对成功的经验予以标准化，将遗留问题交给下一个 PDCA 解决。

通过上面的分析可以看出，PDCA 循环适用于社区、企事业单位的安全管理，通过将 PDCA 循环在安全管理过程中周而复始地应用，能够提高安全生产水平和管理水平。

五、治理理论

20 世纪 90 年代以来治理理论逐渐在经济学、政治学、管理学等领域流行起来，其主要是因为全球化以及政治生活的变革，人类政治过程的关注点逐渐从统治趋向治理，甚至开始追寻如何善治。詹姆斯·罗西瑙认为治理的内涵更加丰富，是一种系列活动领域里的管理机制，强调并非只有政府是管理活动的主体。格里·斯托克将学界内关于治理内涵的观点梳理后，总结了以下几点：一是治理来自政府，但不意味着只有政府可以开展治理活动，其他获得公众认可的公共机构或者私人机构也可以参与治理。二是治理活动中在解决社会或经济问题时很可能发生界限和责任划分不清的问题。即现代社会中，以前国家承担的部分责任分散到了市场、社会组织，导致三者之间的界限以及责任划分不清晰。三是治理活动中可能存在一定的权力依赖，即集体行动中各组织彼此依靠、交换资源。四是治理活动中参与者会在其治理领域中构建起权威性的自主网络，与政府协作并分担责任。五是实施良好的治理活动除了借助政府公共权力还可以借助其他的治理手段与方法。综合以上观点，治理是一个不限于政府单一主体的互动过程，需要多元化参与主体进行资源交换与责任分担，在政府发挥效能的同时，不排斥其他公共部门协同参与，打破了传统的“管控者”或“守夜人”的角色定位，强调政府与社会双向互动。

俞可平指出治理是一个不断协调各方冲突和利益并采取联合行动的动态持续过程。在风险社会背景下，人类社会通过建立和不断更新治理机制，构建特定的秩序，以应对来自内外部环境的风险，协调人类社会内部的各种矛盾与冲突，并随着新的风险和不确定性的产生，不断拓展治理形态，形成了风险挑战—回应风险—更新机制的治理形态扩展过程。治理理论随着人类社会发展产生的新的风险与挑战而不断地更新与丰富。

第三节　社区安全管理的特点和原则

一、社区安全管理的特点

（一）区域性

不同的社区有不同的地理位置、地理环境、人口密度、人口素质、职业结构、生活方式和社会心理，因此，不同社区的安全管理的内容和重点是不同的，采用的模式和方法也应该有所不同。

（二）法律性

社区安全管理活动是在一定区域内进行的行政执法活动，以社区安全的法律、法规为依据。有关社区安全的一系列法律、法规明确规定了社区安全管理机构和部门的职责和权力，规定了社区安全管理的职责范围、管理对象、管理方式，规定了治安处罚的程序、种类和条件，还规定了人民群众的权利和义务以及行为规范。社区安全管理实质上是对法律、法规的贯彻和执行，社区中安全管理的职权是国家授予并以法律的形式规定的。同时，社区安全管理部门及公安干警在实施管理活动时，也必须用法律、法规来约束自己的行为。

（三）综合性

社区安全管理的领导力量、治理手段和方法具有综合性。社区安全管理的综合性要求在党委、政府的统一领导下，把公安派出所、街道办事处、居委会、业委会、企事业单位以及群众自治组织的力量结合起来，综合运用政治、经济、法律、文化和教育等多种手段，综合发挥打击、预防、教育、管理、建设和改造等措施的作用，实现社区治安的综合治理。

（四）群众性

社区安全管理离不开社区群众的积极参与。群众既是社区安全管理的客体，又是社区安全管理的主体。群众自治组织是社区安全管理的重要组成部分，发动、组织、依靠群众参与社区安全建设，是搞好社区安全工作的“法宝”。社区安全管理的好坏也是以群众的满意与否为标准的，社区安全主体职能的发挥离不开社区群众的支持。

（五）与物业管理的协同性

社区是城市治理的“最后一公里”，也是党和政府联系服务群众的重要桥梁和纽带。要想打通城市治理的“最后一公里”，就要全力提升社区管理服务水平，满足居民追求高品质生活的需求，促进社区和谐发展。物业管理是提升社区管理服务水平的“最后一米”，物业服务不仅是群众关切的身边“关键小事”，也是城市基层治理的重要环节。物业服务质量关系着普通群众的日常生活，牵动着广大居民的民心民情，可以说，物业服务是事关家庭和谐幸福，基层治理体系和治理能力现代化的重要事项。如何更好地发挥物业在社区治理中的作用，如何让社区治理中的业委会与物业管理协同发展，增强居民的幸福感和获得感，是亟待解决的社会难题。物业管理作为社区管理的一部分，与社区安全管理具有协同性。

（六）长期性

社区安全管理是一个长期治理工程。只要社会上还存在着各种违法、违规等现象，社区安全管理就有存在的必要性。社区居民的安全防范意识与能力也各不相同，对各种可能发生的事故在防范上还存在诸多不足，因而难以避免灾害事故的发生。因此，社区安全管理应是一项常抓不懈的工作。

二、社区安全管理的原则

社区安全管理的原则是社区各项安全管理工作必须遵循的准则，主要包括“预防为主、防治结合”原则、自治原则、“谁主管，谁负责”原则、专门机关管理与依靠群众相结合的原则和坚持重点防范与一般管理相结合的原则。

（一）"预防为主、防治结合"原则

社区安全管理同消防工作一样，关键是要做好预防工作，以防患于未然。社区安全管理工作的根本目的是保障住户的人身及财产安全，维护住户正常的工作及生活秩序，确保物业的正常使用及免遭破坏。做好各项预防工作是安全管理的关键，故工作人员应时刻提高警惕，做好预案，防止可疑人员进入管辖区域，防止各类刑事案件和治安事故的发生。

（二）自治原则

现代行政学理论认为，政府是一个有限政府，政府的能力是有限的，对社区公共事务要实现政府与社会的共同治理，政府管理的范围只限于提供公共产品与服务。就社区安全而言，政府提供的只是维护社会正常生活所必需的公共治安秩序，对有超过社会一般水平的公共安全需求，想获得较高程度的安全服务的社区，超出部分的安全需求只能由自己提供。因而社区安全管理应包括两大块内容：一是政府提供的用于满足社区一般水平的公共安全需求的安全服务；二是由社区自行提供的超过一般水平的公共安全需求的安全服务。

从以上分析可知，要维护社区的安全，应当由政府与社区共同治理，社区也应自行组织社区安全服务的供给。从法律规定来看，社区自行组建的安全管理组织具有自治性。《中华人民共和国宪法》规定：城市和农村按居民居住地区设立的居民委员会或者村民委员会是基层群众性自治组织。居民委员会、村民委员会设人民调解、治安保卫、公共卫生等委员会，办理本居住地区的公共事务和公益事业，调解民间纠纷，协助维护社会治安，并且向人民政府反映群众的意见、要求和提出建议。

具有自治性的社区安全管理组织，其如何开展社区安全管理工作，应当由社区组织自主决定。社区安全管理组织的成员来自社区，对社区情况比较熟悉，又是社区管理的直接受益者，对社区安全最关心，因此能对社区中存在的各种影响社区安全的因素与问题采取有效措施，从根本上解决问题。

（三）"谁主管，谁负责"原则

构成社区的对象是多方面的，既有居民住宅小区，又有公共场所、特种行业、企事业单位。"谁主管，谁负责"原则，就是要分清居民住宅小区、公

共场所、特种行业、企事业单位的安全管理层次，明确各自的职责范围。对一些具体单位的问题，应主要依靠自身主管部门来解决，要求其法定责任人依法履行法定职责，制定安全防范制度，建立健全分工负责制、岗位责任制、治安承包制，一级一级地把各项安全管理措施落实到具体责任人，落实到日常的工作中。公共安全的主管机关要负责管理、监督、检查有关单位和部门，做好安全防范工作，发现问题，及时提出整改建议；要协助公共场所、特种行业、企事业单位制定安全防范制度，并加强监督检查，对不遵守社区安全管理规定、屡教不改的单位与部门，要及时查处，并依法追究领导和直接责任人的法律责任。

（四）专门机关管理与依靠群众相结合的原则

专门机关管理与依靠群众相结合是指在维护社区安全与治安秩序稳定方面，要把公安机关的职能作用与广大人民群众的主动性结合起来，做好各项安全防范工作。

专门机关管理是指具有国家赋予特殊执法权的公安机关在其职责范围内工作。公安机关之所以为专门机关，是因为它隶属于行政机关，又不同于一般的行政机关。它拥有国家赋予的侦查、拘留、逮捕、惩罚等特殊权力和强制手段。它可以利用国家赋予它的权力和手段直接干预社会生活，调节社会关系，维护国家安全与社会稳定。它不仅在打击违法犯罪分子时使用暴力和强制手段，在社区安全管理上也是最终行使强制性手段的机关。例如，近年来，电信诈骗、非法集资、网络诈骗案件层出不穷，新骗局新套路甚至新技术也随着互联网的飞速发展而不断更新换代，电信网络诈骗犯罪发案多、涉及面广，给人民群众生活造成了很大困扰。电信网络诈骗的预警劝阻机制是打击电诈的重要手段，根据公安部公布的最新数据，2022 年，全国公安机关累计推送预警指令 2.4 亿条，全国共破获电信网络诈骗案件 46.4 万起，同比上升 5%。作为维护社区安全的职能机关，公安机关必须履行职能，严厉打击犯罪行为，以维护治安秩序的稳定。

依靠群众是指在社区安全管理中贯彻群众路线，一切为了社区群众，一切依靠社区群众，把社区安全管理的目标变成社区群众的自觉行动。人民群众不仅是社区安全管理的依靠力量与基础，也是社区安全管理的服务对象，社区平安维护事务需凭借民众力量，常与大众保持紧密沟通，聆听他们的建议，并受到他们的审查和监督。

（五）重点防范与一般管理相结合的原则

不仅要做好平时的门卫、巡逻、监控工作，还要特别注意重点区域（重要库房、贵重物品存放处、事故易发地段等）、重要时段（夜半更深、重大节庆、重要活动日等）的保安工作。总之，不同社区应根据自身物业的治安管理特点，分清主次、轻重，将重点防范与一般管理很好地结合起来。

第四节　社区中的典型安全问题

一、交通安全

（一）交通安全的定义

交通安全是指在交通活动过程中，造成人身伤亡、财产损失或环境污染的后果是可以接受的，在可接受的范围内。如果超过了可接受的范围，则认为是不安全的。交通安全发生在人、车、路动态开放的道路交通系统，其安全不仅受到外部环境的影响，还与人、车辆和道路环境等内部因素密切相关。

通常我们谈论的交通安全是相对的，没有绝对的交通安全。随着社会的发展，人们对交通安全的认识、交通系统的安全标准也在发生相应的变化。交通安全并不是指不发生交通事故，而是对交通系统某一时期和阶段的过程或状态的描述。

（二）社区交通安全

随着人民群众生活水平的不断提高，交通与社区的关系越来越密切。社区交通安全主要包括：道路安全、汽车驾驶员安全、乘车人安全、行人安全、自行车及三轮车驾驶人安全、安全乘坐地铁、安全乘坐火车、安全乘坐飞机、安全乘坐轮船等内容。社区交通安全管理的主要内容包括以下几个方面。

1. 道路交通安全宣传

深入辖区客货运企业、中小学校、党政机关等单位，通过组织阅读警示录和启示录、举办交通安全课堂和交通安全讲座、发放宣传资料、设立宣传提示展板、观看道路交通安全视频等形式开展交通安全宣传教育，切实提高广大交通参与者的安全交通意识。

2. 道路交通监督执法

社区交通安全工作需要加强执法力度，确保交通秩序的维护。社区可以组织交警部门、社区巡防队等力量，加强对交通违法行为的监督和处罚。同时，社区还可以建立交通安全志愿者队伍，协助执法人员开展巡逻和宣传工作，做到及时制止交通违法行为，提高社区居民的安全感。

3. 加强车辆和驾驶人源头管理

首先，加强车辆源头管理。社区联合公安机关对车辆非法改装、逾期未报废等车辆进行全面排查，对其中存在较大安全隐患的车辆采取暂扣或强制报废等措施进行整治。其次，加强驾驶员的培训管理。以客货车驾驶人和校车驾驶人为主要培训对象，培训安全知识和注意事项，强调安全驾驶的重要性。

4. 加大道路交通安全隐患排查治理

严格按照相关法律法规要求，对道路交通安全隐患进行排查治理。社区应当定期对辖区不安全车辆、不合格驾驶人以及运输企业安全隐患进行深入排查，建立隐患排查整改台账，能够整改的马上督促进行整改，不能整改的一律报请上级机关备案，协调挂牌整改。

5. 交通信号和交通技术监控设备排查治理

社区交通安全设施的改善对于减少交通事故具有重要意义。社区应当加强对道路交通标志标线的维护和更新，确保其清晰可见。另外，社区还可以设置交通安全设施，为群众提供便利且安全的交通环境。同时，鼓励居民参与社区交通设施的监督，及时反馈存在的问题，共同维护社区的交通安全。

二、体育运动安全

体育运动能使人产生无穷的乐趣，但运动时如不注意安全防范，就有可能出现伤害事故。了解运动中的安全防范措施和伤害事故的处理办法，对于个人、家庭、社会有重要的意义，对于创造安全的体育运动氛围具有重要的作用。

体育场地设施是全民健身服务体系中不可缺少的子系统，社区公共体育设施建设效果在一定程度上影响着居民健康水平的发展。首先，社区公共体育设施建设增加了居民参与体育锻炼的机会。其次，社区公共体育设施建设推动了终身体育理念的普及。社区公共体育设施建设保障了全体人民增强体魄、健康生活。近几年我国投入中央资金超过135亿元支持推动地方建设完善场地设施。截至2020年底，全国体育场地的数量较2017年增长了89.7%，体育场地总面积增长了33.4%，人均场地面积增长了32.5%，其中社区体育场地设施覆盖率已经达到90%，行政村体育场地设施覆盖率已经超过96%。推动社区公共体育设施建设，能够真正提升人民的获得感、幸福感和安全感。社区作为普及体育运动理念的重要阵地，通过公共体育设施的建设，在体育爱好者的带动下，越来越多的居民开始认识到运动对于身体健康的重要性，并将“拥有一个健康的身体”“形成良好的运动习惯”作为参加体育运动的终极目标。最后，社区公共体育设施的建设转变了居民的生活方式，随着社区体育资源投入的逐渐增加，体育设施的社会效益也逐渐显现，居民的生活方式在运动器材的吸引和推动下也悄然改变。体育运动前后要注意以下几项内容。

（一）运动前做好充分的准备

首次，要检查自己的身体情况。在参加体育运动前，要了解有没有发生眩晕、头痛、腿痛等不舒服的身体功能变化，如果出现不良症状就要停止运动或采取必要的措施。

其次，在运动前，要检查场地和器材。要检查场地和器材是否存在不安全状态，如石头土块等是否清除，地面是否平整等；体育设施设备是否牢固，是否安全运行，声音是否正常，要全面检查器材的完好度。

最后，做好运动准备。要做热身准备活动，不要一开始就剧烈运动。另外，尽量穿运动鞋和运动服装，确保运动过程中的安全。

（二）运动时讲科学

首先，要掌握运动项目的动作要领。掌握正确的动作要领，不仅可以更好地达到运动效果，还可以保证自身的安全，增强自信心，获得满足感。

其次，要正确使用器材。熟悉器材的使用方法和注意事项，正确控制和操作器材，不仅可以达到运动训练的目的，还可以避免受到伤害。另外，还要注意避免器材对他人造成不必要的伤害，如进行投掷活动时，要保证周围人在安全的位置。

最后，运动负荷要适量。不要过度运动，可以按照循序渐进的方法适量运动。另外，还要判断负荷的大小，负荷太小，达不到运动的效果，负荷太大，会对自身的身体造成一定的伤害。因此我们选择的运动负荷要适量，如此才能增强体质，达到很好的运动效果。

（三）运动后要做恢复整理活动

1. 做好恢复整理活动

恢复整理活动，是人体从紧张运动状态逐步恢复到安全状态的重要步骤，这个过程使人的心脏逐渐恢复到正常状态，全身放松下来。如果没有恢复整理活动而突然停止运动，就有可能造成眩晕、惊慌、贫血等反应，对人的身体造成极大的伤害，不利于身体健康。

2. 做好运动后的自我检查

运动后，如果出现头晕、惊慌、腰酸腿痛等症状，说明运动负荷超出身体能够承受的范围，以后要进行适度调整。如果运动后精力充沛、睡眠良好、身心愉悦，说明运动负荷和自身非常相符。

3. 做好能量补充

进食后需要等待 0.5 小时以上才能运动，运动后 0.5 ~ 1 小时后才能进餐，5 ~ 10 分钟后饮水为宜。体育运动要消耗大量的能量，因此运动前后都要做好能量补充，科学合理地安排饮食，以保证运动达到最佳效果。

三、老年人安全

截至 2021 年底，全国 60 岁及以上老年人口达 2.67 亿，占总人口的 18.9%；65 岁及以上老年人口达 2 亿以上，占总人口的 14.2%，我国已经进入“老龄社会”。老年人安全主要包括：跌倒预防、老年人交通安全、自杀预防、用电安全、家居安全、病患者关注等内容。当前，在社区中比较典型的是老年人跌倒问题。下面以老年人跌倒干预技术为例进行说明（见表 1–4）。

表 1–4　老年人跌倒的主要干预措施

干预措施	有效	有希望
操场地面使用抗冲击材料	√	
操场设备达到安全标准		√

续表

干预措施	有效	有希望
老年人肌肉强化训练和平衡训练		√
在有高龄老人的家庭检查潜在风险，如有必要，加以改善		√
鼓励使用预防跌倒的安全设备		√
安全教育与技能培养	√	

跌倒是造成老年人死亡的重要原因之一。老年人年龄越大，跌倒死亡率越高。除此之外，跌倒还有可能造成残疾或其他病症的出现，给老年人的身心健康造成极大的伤害。如跌倒后的恐惧心理可能会降低老年人的活动能力，使其活动范围受限，生活质量下降。

老年人跌倒控制工作是一项社会系统工程，政府应成立多部门组成的工作组，制定预防老年人跌倒工作规范，明确各部门职责和任务。对社区来说，需要社区管理部门制定支持性政策，加强社区管理，需要物业部门加强对社区环境的管理和修缮，需要公共卫生部门的技术指导，需要社区卫生服务机构的个性化卫生服务，需要家庭子女的密切配合，需要老年人的具体参与等，以全面落实制定的干预措施。

四、儿童安全

儿童安全主要包括游泳安全、道路交通安全、玩具安全、家居安全、户外安全、电器安全等内容。当前，比较典型的儿童安全问题是儿童道路交通伤害和溺水。下面以儿童溺水干预技术为例进行分析。

人民网舆情数据中心发布的《2022 中国青少年防溺水大数据报告》统计数据显示，我国每年约有 5.9 万人死于溺水，其中未成年人约有 5.6 万人，占 95% 以上。因溺水造成的伤亡位居我国 0 ~ 17 岁年龄段首位，占比高达 33%；1 ~ 14 岁溺水事故的比例超过 40%。溺水是我国儿童伤害死亡的重要原因。因此，儿童溺水严重威胁了我国儿童的生命和健康，已成为重要的公共卫生问题之一，儿童溺水的干预已迫在眉睫。

对于儿童溺水的预防，国内外已经有一些行之有效或有希望的干预措施（见表 1-5）。各地在制定本地区的儿童溺水干预措施时，应根据当地儿童溺水现状和危险因素的评估，按照宣传教育、环境、工程、立法和评估的“5E”

原则，制定本地区儿童溺水干预措施，以减少儿童溺水的发生。

表 1–5　儿童溺水干预措施一览表

干预措施	有效	有希望
水塘四周设置围栏	√	
水井、水缸等蓄水容器加盖	√	
穿戴漂浮器具	√	
确保遇险时能获得及时救治	√	
确保游泳场所有救生人员在场		√
提升人们对溺水的安全意识		√

五、家居安全

家居安全主要包括：家庭用火安全、家庭用电安全、食物安全、煤气安全、室内污染预防、烧伤和烫伤预防、中暑预防、家庭防盗、家庭暴力预防、急救和逃生、用药安全等内容。

统计显示，在所有的火灾比例中，社区家庭火灾已经占到了全国火灾的30% 左右。现在的社区家庭装修和家具越来越多，火灾荷载大；日常用火用电频繁，加之吸烟、取暖不慎，电器充电缺少监管等，火灾频发，成为群众最常见的火灾类型。

社区是网格化消防管理的最末端，街道安全工作负责人、物业公司和保安队伍是家庭消防安全的直接管理者和实施者。要落实社区消防安全主体责任，制定消防安全制度，定期组织消防安全宣传教育培训，做好消防设施管理维护。尤其要把消防安全“三清三关”（清走道、清阳台、清厨房，关火源、关电源、关气源）作为每个居民必备的消防知识进行普及。

六、公共场所安全

公共场所是供公众从事社会生活的各种场所的总称。公众是指不同性别、年龄、职业、民族或国籍，不同健康状况，不同人际从属关系的个体组成的流动人群。公共场所包括向广大民众提供从事办公、经济活动、文化交流、学习、社交互动、娱乐消遣、体育锻炼、参观游览、医疗保健、休憩放松、旅游拍照以及满足部分生活所需的各类公共建筑物、场地和相关设施。典型的公共场所如火车站、轻轨站、旅游景点、图书馆、医院、电影院等。

公共场所风险主要包括：火灾、食物中毒、拥挤、踩踏、传染病、中暑、自然灾害、公共设施安全、环境安全等内容。目前，在公共场所发生较多的是火灾、食物中毒和踩踏事件。

七、工作场所安全

工作场所安全是确保单位长远发展的重要因素之一。安全的工作场所，不仅能提高内部员工的生产力，更能吸引外部优异人才的加入，同时还将大幅提升单位的形象。

不同的工作场所涉及不同的安全隐患和防护要求，常见的工作场所有办公场所、工厂车间、医疗机构、建筑工地等。办公场所通常不涉及大型机械设备，但是要高度重视电气安全和员工的日常行为安全，另外灭火器和应急疏散通道的设置和使用也是办公场所安全的关键。工厂车间常常涉及大型机械设备和危险化学品等，因此工厂制定详细的安全操作规范和要求工人正确佩戴个人防护用品就很重要。医疗机构是一个特殊的工作场所，安全工作的重点是避免交叉感染和用药错误，医护人员需要严格遵守医院流程，正确佩戴个人防护设备，如口罩、手套等，并定期接受感染控制和安全培训。建筑工地是一个高风险的工作场所，存在高处坠落、电气事故、物体打击等较多的安全风险，因此，建筑工地必须采取一系列的安全措施保护员工的安全。

八、校园安全

校园安全与每个师生、每个家长和社会都有着密切的关系。从狭义上讲，校园事故是指学生在校期间，由于某种偶然突发的因素而发生人为伤害事件。就其发生特点而言，一般是由于责任人疏忽大意、失职而不是故意。

校园安全主要涉及学校宿舍安全、教室安全、实验室安全、学校交通安全、食品卫生安全、体育活动安全、校内外活动安全、网络交友安全、预防校园吸毒、预防校园暴力、心理健康等内容。

九、设施设备安全

伴随信息技术的蓬勃发展，信息化的现代建筑设备更快地进入各种建筑，使社区管理范围内的设施设备形成庞大而复杂的系统，各项传统产业的业务也由于结合了信息技术而出现了很大的变化。设施设备的安全主要涉及电梯系统，柴油发电机系统，消防系统，配电系统，监控、消防控制室，化粪池，游泳池，娱乐健身场所，停车场，房屋本体等项目。只有保证设施设备的安全，才能降低事故发生率，为社区居民创造一个舒适、安全的生活环境。

十、电梯安全

电梯安全是当前社区设施设备安全关注的重点。随着城市发展的快速推进，高楼林立成为城市的标配，同时也造就了“电梯时代”。我国电梯保有量、年产量、年增长量均为世界第一，大规模使用电梯，难免会有电梯恶性事件的发生。

因此物业企业应当采取必要的安全保障措施以避免和减少事故的发生，从而减少人员伤亡和财产损失。只有每个小区的电梯都能安全运行，社区才能更安全。

十一、其他安全

（一）高空坠物

随着高楼林立和空调外机的增加，头顶上的安全成为大众关注的重要话题。最高法研究室公布的数据显示，2016 年到 2018 年，全国法院审结的高空抛物坠物的民事案件有 1200 多件，其中有近三成造成了人身损害；受理的 31 件刑事案件中，有五成造成了被害人的死亡。2021 年 3 月 1 日，高空抛物正式入刑，治理高空抛物有了法律依据。但因其突发性及隐蔽性较强、调查取证较为困难，高空坠物问题仍是各地社区治理的一大难题。高空坠抛物成为“悬挂在高空上的痛”，严重影响群众的安全感。政府最强有力的举措就是加大公安机关对高空坠抛物的查处打击力度。

为杜绝辖区内屋顶、窗台、墙体脱落等危险情况的发生危及居民人身和财产安全，社区应该开展高空坠物排查工作。守护“头顶安全”不单单要靠法律，更要靠大家的自觉。社区在今后的工作中同时也要大力开展“禁止高空抛物”普法宣传活动。

（二）犬猫伤人事件

2022年《中国宠物行业白皮书》显示，2022年城镇犬猫数量达11655万只，较2021年增长3.7%。其中，2022年度城镇犬只数量为5119万只，同比下降5.7%；猫的数量2022年达到了6536万只，同比增长了12.6%。2023年10月6日，江苏盐城滨海县一女子路边逗狗面部被咬伤。时隔10天后，四川成都崇州一小区，两岁幼童遭未拴绳大型恶犬撕咬，经医院诊断，幼童全身多处咬伤，右肾挫裂伤，右侧肋骨骨折。近几年来，市民饲养宠物的情况越来越多，宠物扰民现象突出，小区犬只伤人事件时有发生，养犬扰民投诉较多，养犬人与非养犬人之间的矛盾比较突出，从而影响了社会和谐稳定。《中华人民共和国动物防疫法》明确规定，携带犬只出户的，应当按照规定佩戴犬牌并采取系犬绳等措施，防止犬只伤人、疫病传播。《中华人民共和国民法典》中规定，饲养的动物造成他人损害的，以及违反管理规定，未对动物采取安全措施造成他人损害的，动物饲养人或者管理人应当承担侵权责任。如果咬人的狗没有拴绳，狗主人没有采取安全措施，应当承担侵权责任，包括赔偿医疗费、护理费等为治疗和康复支出的合理费用。

恶犬伤人事件是社会安全中的一个严重问题，可能会对人们的生命和健康造成威胁。为了防范这类事件的发生，社会需要采取一系列措施，包括健全法律法规、提高公众意识和鼓励养犬人负起更多责任等内容。社区合作是防范恶犬伤人事件发生的关键。社区居民、兽医、执法部门和非营利组织应该共同努力，分享信息和资源，以保障社区的安全。

（三）井盖问题

据统计，全国范围内已有的在用井盖约为50亿个，每年新增、更换井盖约为1500万个，这些井盖既是城市地下资源的入口，又是城市安全的隐患。对这些井盖进行全面、有效的管理成为一个非常巨大的挑战。

《中华人民共和国民法典》第一千二百五十八条规定："窨井等地下设施造成他人损害，管理人不能证明尽到管理职责的，应当承担侵权责任。"负有管理职责和监管职责的物业、社区应当加强井盖等的管理，做好统筹规划，减少事故的发生。

"小井盖"关乎"大民生"，更是城市文明建设中一个不可或缺的元素，关系到群众的脚下安全。社区应该做好日常排查、防护和更换工作，避免井盖缺失、破损现象的发生，确保出入安全，营造安全共享的人居环境。

（四）水电问题

社区常见的给水事故是漏水，常见的排水事故是堵塞。涉及房屋的排水倒灌问题有很多，给业主造成了一定程度的经济损失。底层住户是否返水取决于物业的制度和员工的勤快程度，如果物业对下水主管道定期清理，一般不会有返水问题。社区应该重点关注和督促物业对下水主管道的管理工作。

用电问题最常见的是停电和电气事故。近几年，电气事故在火灾事故中的占比比较高，社区、物业应该加强对电气事故的排查，同时加强对安全用电等的教育宣传。

综上，只要是社区管理区域范围内的设施设备，都应该做到管好、用好。只有保证场所设施设备的安全，才能降低事故发生率，为社区居民创造一个舒适、安全的生活环境。

第二章　社区安全管理机构

第一节　社区安全管理的组织

一、社区安全政府组织

（一）街道办事处

街道办事处是我国乡级行政区街道的管理机构。经过上级人民政府批准，市辖区及不设区的市人民政府可设立若干街道办事处，作为政府下属派出机关。

街道办事处在社区安全管理中的任务主要包括以下几点。

（1）贯彻执行党和国家的路线方针、政策以及市、区有关社区安全管理的规定，执行或承办所属政府有关社区安全管理的具体事项，如普法宣传、社会治安综合治理等，制定具体的管理办法并组织实施。

（2）负责街道治安维护事务，维护儿童、妇女、老年人的合法权益，加强对人民内部矛盾的调解和违法违规违纪青少年的教育，加强对有心理问题的人群的重点关注。

（3）协同相关部门确保安全生产工作落实，对辖区内的经济发展规划进行相关研究。配合有关部门落实辖区内居民搬迁、防灾减灾、安全生产检查、抢险救援等任务。

（4）完成上级部门交付的其他任务。

（二）公安派出所

公安派出所是公安机关最基层的单位，处于维护安全稳定最前沿、联系服务群众第一线。公安派出所是市、县公安机关直接领导的派出机关，是公安部门遏制违法犯罪行为、维护社会稳定秩序、服务民众需求、守护地域安宁的基层综合性实体。公安派出所的主要职责包括以下几点。

（1）收集、掌握、报告影响社会政治稳定和治安稳定的情报信息。

（2）管理辖区内的实有人口。

（3）管理辖区内的重点行业、公共娱乐场所和枪支、弹药、爆炸、剧毒等危险物品。

（4）指导、监督辖区内的机关、团体、企业、事业单位的内部治安保卫工作。

（5）宣传、发动、组织、指导群众开展安全防范工作。

（6）办理辖区内发生的因果关系明显、案情简单、一般无须专业侦查手段和跨县、市进行侦查的刑事案件，并协助侦查部门侦破其他案件。

（7）办理治安案件，调解治安纠纷。

（8）参与火灾、交通、爆炸、中毒等治安灾害事故的预防工作。

（9）接受群众报警、求助，为群众提供服务。

二、社区安全自治组织

社区安全管理的重要指导思想之一就是社区成员共同参与。只有社区成员共同参与，才能把社区建设得更美好。社区居民自治组织，在城市主要是居民委员会，在农村则是村民委员会。

（一）居（村）民委员会

居（村）民委员会是基层群众性自治组织，旨在实现居民的自我服务、自我管理和自我教育。不设区的市、市辖区的人民政府或其派出机关应对居民委员会提供指导、支持和帮助，协助其开展工作。乡、民族乡、镇的人民政府应对村民委员会提供指导、支持和帮助。根据《中华人民共和国城市居民委员会组织法》《中华人民共和国村民委员会组织法》规定，居（村）民委员会的职责包括以下几点。

（1）宣传国家的法律法规等相关政策，让社区内的居民遵守法律法规，维护居民的合法权益，开展形式多样、丰富多彩的活动。

（2）处理本住所地区的公益事业和公共事务。

（3）调解平息社区内居民的纠纷和矛盾。

（4）协助维护社区治安，建设一个和谐安全的社区。

（5）向上级政府或派出机关反映居民意见并提出建设性的意见。

（二）社区治安保卫委员会

治安保卫委员会是群众性的治安保卫组织，在基层政府和公安保卫机关的领导下开展工作。治安保卫委员会的建立，城市一般以机关、工厂、企业、学校、街道为单位，农村以行政村为单位，其委员名额，应视各单位人数多寡、情况繁简，由 3 ~ 11 人组成，设主任 1 人并设副主任 1 ~ 2 人。治安保卫委员会的主要任务包括以下几点。

（1）在党委政府的领导下开展工作。

（2）积极开展社会主义法治宣传和思想道德教育，定期向群众进行保障公民合法权益、遵守社会主义法治和提高防范能力、警惕性的宣传教育，增强群众法治观念和安全防范意识。认真贯彻党的方针、路线、政策、法规和条例，提高群众的法治意识。

（3）组织落实群众做好防盗、防火、防破坏和其他治安隐患防范工作。

（4）协助公安机关做好治安防范，保卫重点地区的安全，维护所负责区域的治安秩序。定期组织治安防范检查，发现隐患，及时督促整改。

（5）及时了解掌握所负责区域的治安信息及各类不稳定因素，一旦发现问题及时上报，并协助公安机关工作。

（6）劝阻和制止违反治安管理的行为。揭发检举违法犯罪行为，发现问题及时向公安机关报告。

（7）保护发案现场，协助公安机关侦破案件。

（8）协助公安机关和单位领导对有违法行为的人进行帮助教育。

（9）配合有关部门疏导和调解有可能激化的民事纠纷。

（10）认真完成党委政府下发的其他任务。

（三）社区人民调解委员会

人民调解委员会是依法设立的调解民间纠纷的群众性组织。根据《中华人民共和国人民调解法》规定，人民调解委员会是通过说服、疏导等方法，促使当事人在平等协商基础上自愿达成调解协议，最终为人民服务、解决人民纠纷的群众性组织。人民调解是解决人民之间纠纷的活动。

社区人民调解委员会在城市以居民委员会为单位，农村以村民委员会为单位建立。主要职责有以下几个方面。

（1）及时发现纠纷，迅速解决争端。

（2）防止矛盾激化，预防、减少犯罪的发生。

（3）进行社会主义法治宣传教育。

（4）教育挽救失足青少年。

人民调解委员会在基层人民政府和基层人民法院的指导下开展工作，用调解的方法解决一般的民事纠纷和轻微的刑事案件。经调解自愿达成的协议，当事人应自觉履行，不愿调解或调解不成或调解后反悔的，一方或双方当事人可以向人民法院起诉。人民调解委员会不是国家司法机关的组成部分，也不是一级行政组织，它的活动及结果不具有法律和行政的强制性。

（四）社区非营利组织

非营利组织是指不以营利为目的的组织，它的目标通常是支持或处理个人关心或者公众关注的议题或事件。非营利组织涉及的领域非常广，包括艺术、慈善、教育、学术、环保等。它的运作并不是为了产生利益，这一点通常被视为这类组织的主要特性，同时这类组织还具有民间性、自治性、志愿性、非政治性、非宗教性等重要特征。

社区非营利组织是非营利组织的一种特殊形式，以社区成员为主体、以社区地域为活动场所，以联系和动员社区成员参与社会活动、支持社区发展为主要目标。社区非营利组织由社区居民自愿参加，旨在满足社区居民的不同需求，是为了更好地进行自我管理、自我教育、自我服务和自我娱乐而自发形成的介于社区主体组织和居民个体之间的群众团体。社区非营利组织除具有非营利组织的共性特点外，还有一些属于自己的特点，如活动范围的社区性，即组织的成员是居住在本社区的居民，组织的活动范围限于社区；产生的本土性，即社区非营利组织土生土长，根植于本社区，致力于社区的发展建设。

三、市场化社区安全服务组织

（一）物业服务企业

不发生安全事故，少发生安全事故，是每家物业服务企业安全防范工作的主要目的。如果发生事故，物业服务企业应该及时向有关部门报告，采取有效的措施，把安全事故造成的损失降低到最低。同时，物业服务企业还要做好相关的救助工作。物业服务企业应该雇请遵守国家有关法律规定、有高度责任心的保安人员。保安人员应该认真履职，保护好社区居民的合法权益。

物业服务企业根据合同约定履行安全方面的职责时，必须遵守法律、法规的有关规定，不得侵犯居民的合法权益。

物业服务企业根据合同约定履行安全方面的职责，可以聘请保安公司和保安人员实施安全管理，维护本社区内的公共秩序。物业管理专业化是当前物业管理发展的一个重要趋势。如美国的物业服务企业一般只负责整个住宅小区的整体管理，具体业务则聘请专业的服务公司承担。物业服务企业将管理内容细化后再发包给专业单位。特别是小区的安全保卫，一般委托专业的保安公司进行。现阶段，国内有些公司也在试行专业管理与专业服务相分离的做法。

（二）保安服务公司

保安服务公司是由省级人民政府公安机关依法审核允许成立，并由市级人民政府公安机关监督管理，为机关团体企事业单位有偿派出保安员，提供门卫、巡逻、守护、押运、随身护卫、安全检查以及安全技术防范、安全风险评估等服务的公司。

保安服务公司为社区提供安全服务有两种形式：一是直接受雇于社区，为社区履行保安任务；二是由负责社区物业管理的公司聘用，实施保安活动。

保安服务公司作为一种专业性的保安服务机构，在安全保卫方面具备专门的经验和手段，因而在维护社区安全方面有着独特的重要作用。

第二节 社区安全管理的措施

从维护社区安全管理与服务的方法上分析，可以把维护社区安全的措施分为人力、物力、技术安全管理与服务等。下面我们主要围绕社区人力措施、物力与技术防范措施两个方面展开。

一、社区人力措施

（一）门卫与巡逻

门卫、巡逻是各社区普遍采用的一种人力安全管理与服务措施。门卫作为社区安全管理与服务的主要工作内容之一，处于社区安全管理与服务的第一线，对整个社区安全管理与服务工作有着极其重要的作用。同时，门卫工作也是展示一个社区良好风貌的重要窗口。

门卫，顾名思义即大门或门口的守卫，是指社区安全管理组织派出保卫人员，依据国家法律、法规和社区内部的规章制度，对指定的大门严格把守，对进出的车辆、人员、物品进行检查、验证和登记的一系列工作过程。门卫的主要任务是依据国家的有关法律、法规和社区内部的规章制度对出入大门的人员、车辆、物资进行严格检查、验证和登记，防止不法人员混入内部，防止物资丢失，以维护社区的治安秩序，保证社区人、财、物的安全。

巡逻是社会治安防控体系中的重要组成部分，不仅是社会治安防范工作的一种重要形式，也是社区安全管理工作中的一种常用手段。对治安环境复杂的单位、场所、地段和生活区域进行有效巡逻是一种维护其秩序十分有效的措施。社区安全管理人员在巡逻中既要有一定的知识储备，又要有恰当的方法手段，如直接观察法和间接观察法。

识别时要通过对客体对象外在形态的判别去把握它的内在实情。在这里，外在形态主要包括：神态表情、言谈举止、衣着打扮、物品痕迹。

（二）社区安全检查

社区安全检查是社区安全管理组织为了及时发现和消除社区内的不安全

因素，防止发生治安灾害事故，而对社区内的场所及相关区域的安全情况进行定期或不定期的检查和监督活动。社区安全检查是发现社区内不安全因素，及时采取措施，加强预防，把案件和事故消灭在萌芽状态的有效方法。

1. 社区安全检查的主要内容

（1）查思想。即查社区内各单位和社区群众对安全防范工作是否重视，查安全保卫人员和社区群众在安全防范工作中是否存有麻痹大意思想。社区群众有无麻痹思想的基本表现是看其对规章制度是否认真自觉地贯彻执行。

（2）查制度。即查社区内各项安全防范工作的规章制度是否健全，责任是否明确，执行是否认真。社区安全防范工作参与者对安全防范工作是否重视的一个基本标志，就是看社区内对安全防范工作有无切实可行的对策和比较健全的规章制度。

（3）查隐患。即检查安全防范工作中是否存在隐患漏洞，社区的各个方面是否存在不安全因素。社区安全检查既要肯定成绩，总结正面经验，更要发现问题，吸取反面教训。

（4）查措施。即检查各项安全防范措施和整改措施是否严密周到和贯彻落实到位。社区安全管理工作好坏的关键在措施，而措施的关键在落实。

2. 社区安全检查的主要形式

（1）各社区单位进行自查和互查。一般由各社区单位定期或不定期地对自身安全状况进行检查，必要时可以由各单位相互检查，取长补短，相互监督。

（2）主管部门进行安全检查。一般由行政主管部门组织所属基层单位的治保专职人员组成安全检查组，对所属的社区单位进行全面的安全检查。

（3）治安、消防机关的安全检查。即治安管理部门和消防监督部门以属地管辖原则组织的检查。两部门对发现的不安全因素要逐条登记，提出整改意见并督促社区单位限期解决。在紧急情况下，有权责令其停止使用或停业整顿。

（4）全地区性的安全大检查。一般由各级人民政府，或者由安全委员会、消防委员会组织有关部门，以政府的名义对全地区进行安全大检查。

3. 社区安全检查的基本方法

（1）定期全面检查。定期全面检查，也叫定期普查，指在某一时间段对社区内的安全保卫工作情况进行普遍的检查。这种检查一般在“五一”、“十一”、春节等重大节日前夕或重大活动之前进行。定期全面检查一般由党政主管部门组织或牵头，参加的部门比较多，声势和影响比较大，因此，各单位比较重视，有一定的督促作用，也确实能解决一部分问题，因而这种方法被长期且普遍采用。

（2）不定期局部检查。不定期局部检查，也叫抽查。它是在不告诉被检查对象的情况下，对局部地区或个别部位进行的检查。不定期局部检查属于“不宣而战”，从某种程度上带有很大的“突然性”，被调查对象没有时间提前准备，因而检查的结果一般比较客观真实，安全防范、基础工作的好坏一目了然。这是安全检查中经常使用的一种有效方法。

（3）专项检查。专项检查是根据安全工作的某种需要，对某一部位或某一工作专门场所进行的检查。专项检查有较强的针对性和目的性，一般有同行专家或工程技术人员参加，大多有较为严格的程序和标准，因此，能够查出优劣，能够发现问题和解决问题，具有较强的权威性。

（三）社区安全防范宣传教育

1. 社区安全防范宣传教育的内容

（1）道德宣传教育。道德是人们共同生活及行为的准则和规范。一般来说，一个道德品质高尚的人是不会走向违法犯罪道路的。如果每个人遇到违法犯罪的人或事，都充耳不闻或视而不见，就会造成违法犯罪率的上升和治安秩序的混乱，这是社会道德水准低下或下降的表现。因此，进行道德教育，是社区安全防范宣传教育的一项重要任务，是预防违法犯罪的第一道防线。

（2）法治宣传教育。法治宣传教育是增强社区群众法律意识和法治观念的重要手段，是预防和减少违法犯罪的有力武器。结合普法教育，利用典型案例，用活生生的事实对社区居民进行深入广泛的法治教育。通过教育，使广大社区群众明确社会主义法律的本质，明确每个人应享受的权利和应尽的义务，明确违法犯罪的事情不能做，并能够用法律的武器维护个人的权益，保护国家的利益不受损害。

（3）安全防范知识技能的宣传教育。根据社区的实际状况，针对社区内违法犯罪的特点、规律和社会治安形势，不失时机地做好社区群众的安全防范知识技能教育。安全防范知识技能教育的内容，不仅包括防范违法犯罪，还包括防范治安灾害事故，不仅要告诉社区群众防什么，还要告诉他们怎样防。总的来讲，就是要教育社区群众提高警惕，贯彻落实“预防为主”的安全防范工作方针。

2. 社区安全防范宣传教育方法

（1）开展报告宣讲。常采用以下两种报告形式：形势报告、辅导报告。形势报告即在社情发生变化时，及时向群众讲明当前的治安状况及其新特点，引导群众正确认识，并采取相应的防范对策，确保社区内治安秩序的稳定。辅导报告即为群众学习法律常识和安全防范知识所作的报告。

（2）运用宣传媒介。宣传媒介主要包括以下几种形式：平面媒体，如墙报、黑板报、宣传橱窗；影像媒体，即通过播放影像作品向社区群众进行安全防范宣传教育；广播技术，如无线电收音机和有线广播喇叭；现代互联网技术。利用互联网技术进行安全防范知识宣传教育现如今成为主要的工作手段之一。

（3）发公开信。定期将社区内违法犯罪活动的情况、规律和特点，治安事件的发生规律、作案时间、防范措施等以公开信的形式发送到社区居民手中，提高其安全防范意识和能力。在通信技术迅速发展的今天，一些地方通过在节假日前夕给居民群众发送有关安全防范知识的短消息，提醒公众注意安全问题，这对提高人民群众的安全防范意识也有一定的促进作用。

（4）设立公告栏。针对不同时期、不同社区的不同特点，定期对违法犯罪行为进行通报。比如针对社区居民被骗、网贷等突出的共性问题，社区应该在公告栏里对常见的诈骗手段、网贷的危害等进行宣传，并且在单位出入口、小区出入口、社区居民委员会的门口、人口聚集的公众场所等醒目位置进行张贴宣传。

（5）形成安全防范建议书。对于发生在社区里的每一个案件，进行原因分析研究，提出防范措施，查出社区、小区在防范措施上有可能存在的漏洞，并以安全防范建议书的形式告知社区内的单位或个人，以引起单位和个人的高度重视。这样不仅可以起到宣传教育的作用，而且能够有效避免此类事件的再次发生。

（6）制定安全文明公约。与群众共同制定安全文明公约，并张贴于社区公共场所醒目处，时刻提醒群众做好安全防范工作，自觉遵守安全文明公约，并按公约要求加入邻里守望、看楼护院、巡逻值班等安全防范工作中来。

（7）组织应急演练。通过在社区举行消防演练、地震演习等事故应急演练，增强社区居民对火灾、地震等的认识，增强其安全隐患防范意识，使其更加深刻地掌握灭火、组织疏散、逃生自救等安全知识与技能。

此外，还有发放公共安全知识图册、知识手册、应急箱等公益手段。

二、社区物力与技术防范措施

社区物力、技术防范措施与社区人力防范措施同时采用，可以在社区形成立体化、多层次、全方位、科学防范违法犯罪和预防灾害事故的强大网络体系，从而减少社区安全管理中人为因素造成的盲区及漏洞。

（一）社区物力防范设施

物力防范设施是针对犯罪分子采取破门、撬锁、爬墙、越窗等非法手段入室作案的特点，通过改善居民住宅门窗、围墙、阳台等设施，预防和减少室内案件发生的重要措施。社区内常用的物力防范设施主要有楼宇对讲电控门、防盗门、防盗窗、防攀爬设施、围墙等。

楼宇对讲电控门：楼宇对讲电控门是安装在社区居民楼各单元门外的防盗门和对讲系统。该系统通过语音或者视频的方式，由房屋使用人控制防盗门的开关，以阻止无关人员进入住宅单元内。一般由对讲（可视对讲）系统、控制系统、电源系统、电控防盗安全门四部分组成。

防盗门、防盗窗：门、铁窗、铁栅栏是传统型安全防范手段，它在保障社会治安方面发挥了巨大的作用。防盗门和防盗窗的价格相对比较便宜，但可以使居民获得极大的安全感，安装起来也比较容易。

防攀爬设施：有些居民住宅由于设置不科学，雨棚、下水管、避雷线紧靠窗户、阳台，为犯罪分子攀登潜入室内作案留下了隐患。为此，要在这些接合部安装带刺的铁丝网或者有尖头的铁栅栏，也可以在阳台上安装铁丝网罩，或者把阳台改造成封闭式，以阻挡不法分子攀登入室。

围墙：围墙是围绕住宅设置的护卫建筑物。围墙可以用于阻断住宅与外界的通路，防止无关人员随意出入住宅区，从而维护住宅区的正常秩序。

家用保险箱：家用保险箱坚固，体积小，如果将其嵌砌在墙内，并且用其他物品掩盖其外露部分，那么，犯罪分子即使潜入室内也难以发现，更难以打开窃取财物。

车棚：在社区内搭建自行车寄存棚，帮助居民解决存车难的问题，有效减少停放在户外的自行车、摩托车失窃事件的发生。

总之，加强物防，不断完善基础防护设施，不仅是当今社区安全防范中最传统和基础的措施，也是技术防范措施的有效补充。

（二）出入口控制系统

出入口控制系统一般安装在人员出入的主要通道，除了能实现人员出入的控制和管理，还能提供人员活动的时间等历史记录。出入口控制系统可以实现高精确的人员出入登记，一定程度上可以减少门口保安的数量。

出入口控制系统是一种利用现代电子设备和软件信息技术，通过对人脸或者刷卡等信息比对，对人员或物品的进出进行放行、拒绝、记录和报警等操作的控制系统。该系统可以记录与存储进出人员的时间、门禁编号、人像等信息，是保证区域安全和智能化管理的有效手段。如图 2–1 所示。

图 2–1　出入口控制系统功能

出入口控制系统由识读部分、传输部分、管理 / 控制部分和执行部分以及相应的系统软件等部分组成。使用人可根据现场基本要求、安全管理标准和系统规模的大小等进行选择。出入口控制系统一般安装在大楼、住宅、学校、图书馆、企事业单位的出入口等位置，对进出门的人员进行识别、选择和记录，进行门禁控制，保证相关部门的安全，实现智能化管理。

（三）入侵报警系统

在我国，计算机技术、传感器技术和 AI 技术得到了快速发展，入侵报警系统在各个领域被广泛应用，在防抢劫、防盗窃、防入侵和防破坏等方面起到了重要的作用。这种利用高科技手段建立的报警系统，能够快速准确地反应，并能自动完成报警，有利于制止犯罪、保护人民的安全。入侵报警系统有利于维护社会的安定团结，有利于满足人民群众的安全需求。随着科学技术的不断发展，未来入侵报告系统将在建设更加安全、和谐的社会环境方面发挥更大的作用。

入侵报警系统是一种利用电子信息技术、计算机技术和传感器技术进行探测，根据探测结果判断非法进入或试图非法进入设防区域的行为，并且自动处理发出报警信息的电子系统或网络。入侵报警系统通常由前端设备（包括探测器和紧急报警装置）、传输设备、处理 / 控制 / 管理设备和显示 / 记录设备四个部分构成，如图 2–2 所示。

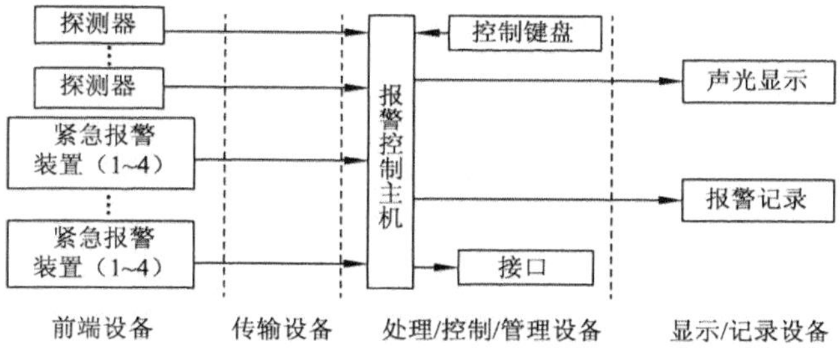

图 2–2 入侵报警系统的组成

（四）闭路电视监控系统

闭路电视监控系统是一种利用监控摄影技术和计算机技术等，通过遥控摄像机及其辅助设备（如云台、辅助线路、电动镜头等）观看被监视区域，记录被监视区域发生一切情况的系统，可以将被监视区域发生的事情记录得特别清楚。如果闭路电视监控系统能够和入侵报警系统联合使用，这一区域的安全防范技术将更加强大，安全防范能力将更加完善。

闭路电视监控系统一般安装在重要公共建筑及周边、住宅小区、企事业单位的主要通道，一般在重要区域设置前端摄像机，通过摄像机及辅助设备，在消防控制中心可以查看被监视区域的一切情况，有利于及时发现问题和解决各种异常情况。

闭路电视监控系统主要有以下几种功能。

（1）记录停车场出入口、住宅小区和企事业单位的主要通道，公共建筑物

（如图书馆、车站、机场等）的出入口、主干道及其他重要区域的监视信息。

（2）能够和入侵报警系统联合使用，进行图像记录和追踪。

（3）能够进行图像的自动或手动切换，云台及镜头的远程遥控。

（4）当设备出现故障或者视频丢失时，能够实现自动报警。

闭路电视监控系统一般包括摄像、传输、控制、显示与记录四个部分，如图 2–3 所示。在使用过程中，可以根据对系统的功能要求、使用的环境条件和使用部门等选择不同的平台类型。

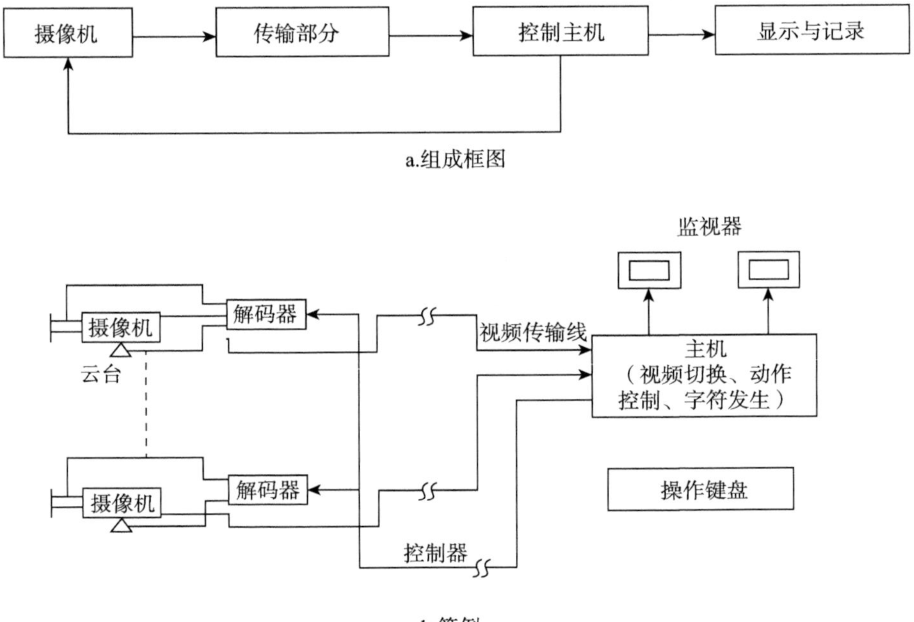

图 2–3 闭路电视监控系统的基本组成

（五）火灾自动报警系统

火灾自动报警系统是建筑消防系统的核心。它不仅能够实时自动监控探测现场，发现火情信号，而且能为建筑内其他消防装置，如水灭火系统、防排烟系统、广播与疏散系统等提供自动控制信号，从而实现自动灭火、自动排烟等功能。

随着科学技术的发展，当前的火灾自动报警系统已经是融计算机控制技术、微电子技术、传感器技术、通信技术等于一体的现代自动控制系统。所涉及的设备和组件也日趋智能化、微型化、多功能化，不仅反应灵敏、结构紧凑，而且操作简便、可靠性高。

火灾自动报警系统是指探测火灾早期特征，发出火灾报警信号，为人员疏散、防止火灾蔓延和启动自动灭火设备提供控制与指示的消防系统。它是一种能够在早期发现和通报火情，并能够向各类消防联动设施发出控制信号，实现预设消防功能，设置在建（构）筑物中的自动消防设施。该系统一般设置在工业与民用建筑内部以及其他可对生命和财产造成危害的火灾危险场所，与自动灭火系统、防排烟系统以及消火栓系统等消防设施一起构成完整的建筑消防系统，如图 2–4 所示。

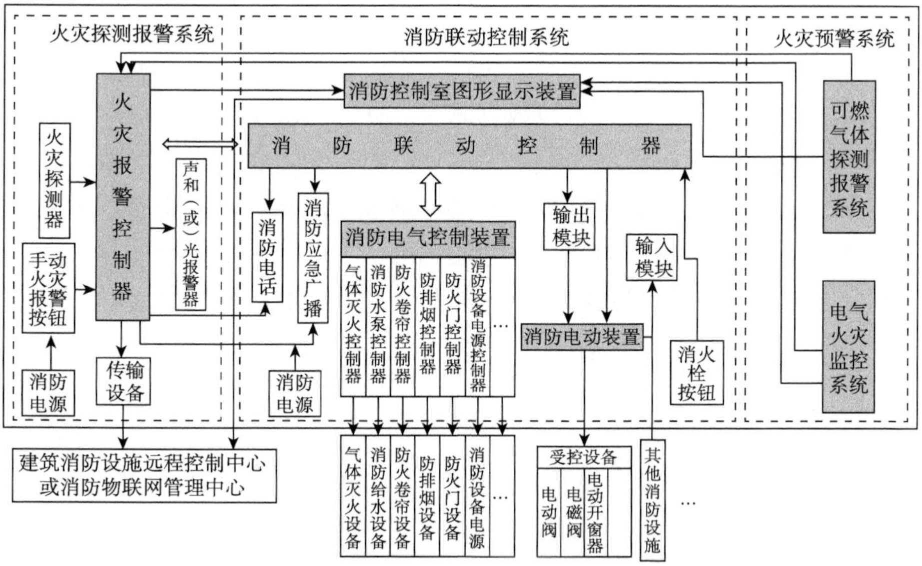

图 2–4　火灾自动报警系统的示意图

火灾自动报警系统一般由火灾探测报警系统和消防联动控制系统两大系统组成。火灾探测报警系统的作用是通过探测火灾现场的火焰、热量和烟雾等相关参数发出报警信号，报警信号一般会传送到控制中心，控制中心人员马上通知就近的保安进行核警，同时，火灾报警装置会发出声光报警等信号，通知该区域工作人员进行人员疏散和实施火灾扑救。消防联动控制系统的作用是控制及监视消防水泵、排烟风机、消防电梯以及防火卷帘等相关消防设备，使其能够在发生火灾时执行预设的消防功能。

第三章　安全隐患排查与治理

第一节　安全隐患概述

一、安全隐患的概念和分类

安全隐患是指有可能导致人员伤亡、财产损失或环境污染的缺陷，这些缺陷可能是由违反了法律法规、规章制度、标准规程等的规定造成的。安全隐患分为一般安全隐患和重大安全隐患。一般安全隐患是指发现缺陷后可以马上整改排除的隐患，具有危害后果小、整改难度比较小的特点。重大安全隐患是指发现缺陷后很难整改和排除的隐患，一般要局部或全部停产才能整改完成，个别的还需要很长的时间才能整改完成，有时还需要借助外部力量才能完成，具有危害后果比较严重、整改难度大的特点。

二、安全隐患的特征

安全隐患的特征主要有以下几个。

（一）形式多样化

安全隐患普遍存在，有生产经营活动就有安全隐患。具体表现在生产岗位、生产场所、储存场所、装卸环节、运输环节、使用环节、工艺过程、违章行为、安全规程和管理制度缺陷等，有的处于静态形式，有的处于动态形式，流动隐患的危害性大于静态隐患。在社区，道路交通、公共设施、生产车间、休闲娱乐场所、电梯系统、消防系统、监控和消防控制室、化粪池、游泳池、娱乐健身场所、停车场、房屋本体及道路等都可能存在安全隐患。每个部分都需要列出详细的表格进行逐项检查。每个环节安全隐患存在的形式不一样，安全隐患存在具有多样化的特点。

（二）隐蔽性

我们经常说“明枪易躲，暗箭难防”，明显存在的安全隐患我们很容易发现，能够及时消除和整改治理。但是有些安全隐患需要进行系统的推理和严格的排查才能发现，有的需要较高的专业技术知识才能发现。安全隐患的隐蔽性是由安全隐患本身的特性决定的。

（三）安全隐患的再生性和交替性

安全隐患的再生性是指治理了以前存在的安全隐患，新的安全隐患又会出现。安全隐患的交替性是指新的安全隐患和旧的安全隐患会交替出现。安全隐患在理论上是不允许存在的。需要经过危险源的辨识、登记建档、专业评估等手段，使存在的安全隐患符合国家有关技术标准。

三、安全隐患排查

安全隐患排查是安全管理过程中非常重要的环节，通过安全隐患排查可以发现已经存在的或者将来有可能造成事故的状态或因素。一般安全隐患需要整改的应立即整改，对于危害和整改难度小的应及时整改。对于在社区发现的安全隐患，街道办事处等相关部门应该下放安全隐患整改通知书，通知负责单位尽快整改，整改期限不超过 30 天。对于经过一段时间的治理才能消除的重大安全隐患，或者居民自身难以消除的安全隐患（一般是外部因素造成的），街道办事处等相关部门应该下发重大安全隐患整改通知书，监督安全整改方案的制定和落实情况（主要落实整改治理单位、整改治理责任人、整改治理资金、整改治理时间），严格按照“五落实五到位”规定执行，整改期限不超过 180 天。社区安全隐患排查记录表见表 3–1。

表 3–1 社区安全隐患排查记录表

排查日期	排查地点	排查的隐患	隐患整改措施	排查人员	复查人员、时间及结果	备注

第二节 社区安全隐患排查的依据和标准

本节结合社区现场情况，将社区安全隐患的排查分为区域内安全基本要求、电梯系统、消防系统、监控和消防控制室、化粪池、游泳池、娱乐健身场所、停车场、房屋本体及道路等部分，分别按照检查内容、检查标准、相关依据和示例图片进行展开。检查内容是从实践中提炼出来的，检查标准主要依据《中华人民共和国特种设备安全法》《中华人民共和国消防法》《中华人民共和国计量法》《中华人民共和国强制检定的工作计量器具检定管理办法》等法律法规以及《建筑消防设施的维护管理》《电梯制造与安装安全规范》等标准。示例图片主要来自现场拍摄。

一、区域内安全基本要求

（一）制度、记录

检查内容：制度（岗位职责、运行制度、维养制度、应急预案等）；记录（运行记录、维养记录、人员出入记录等）。

检查标准：制度完备，上墙张贴；记录表类型完备，记录内容符合相关规定。

检查依据：《中华人民共和国安全生产法》第四条的内容。

示例图片：

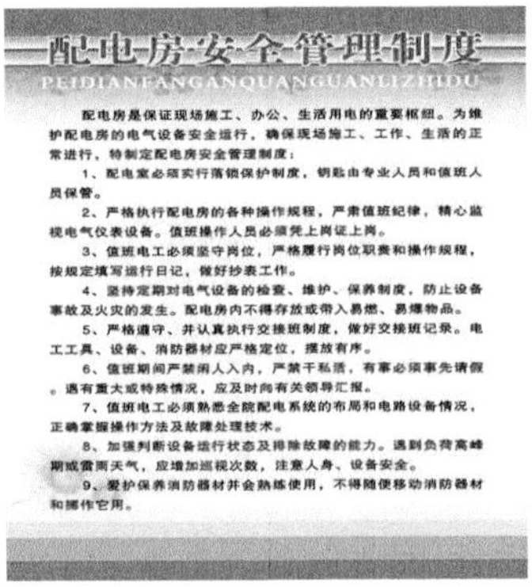

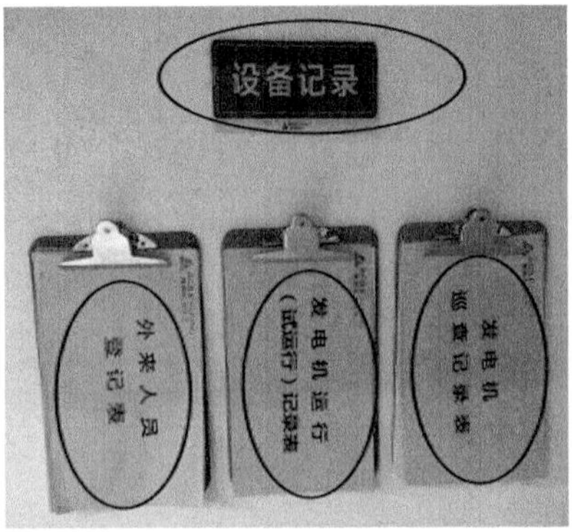

（二）设备房名称及警示标志

检查内容：设备房（配电室、消防泵房、电梯设备房、监控室等）名称及警示标志。

检查标准：设备房门口应有铭牌及安全警示标志。

相关依据：①《中华人民共和国安全生产法》第三十五条的内容；②《电力安全工作规程　发电厂和变电站电气部分》（GB 26860—2011）中 6.1.1 的内容。

示例图片：

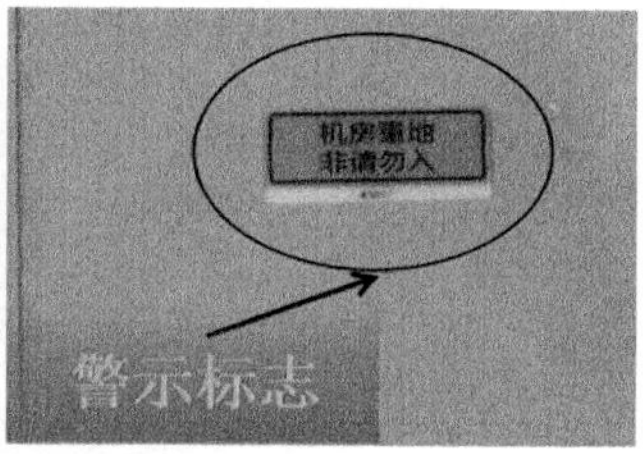

（三）设备房挡鼠板

检查内容：挡鼠板。

检查标准：设备房门口必须设置高度为 50cm 的挡鼠板。

相关依据：①《20kV 及以下变电所设计规范》（GB 50053—2013）中 6.2.4 的内容；②《国家电网公司安全设施标准　第 1 部分：变电》（Q/GDW 434.1—2010）中 8.2 的内容。

示例图片：

（四）设备房内温湿度计

检查内容：设备房内温湿度计。

检查标准：设备房室内应设置有温湿度计（控制范围：5℃≤温度≤40℃，湿度≤70%）。

相关依据：《电梯技术条件》（GB /T 10058—2023）中 4.2.2 和 4.2.3 的内容。

示例图片：

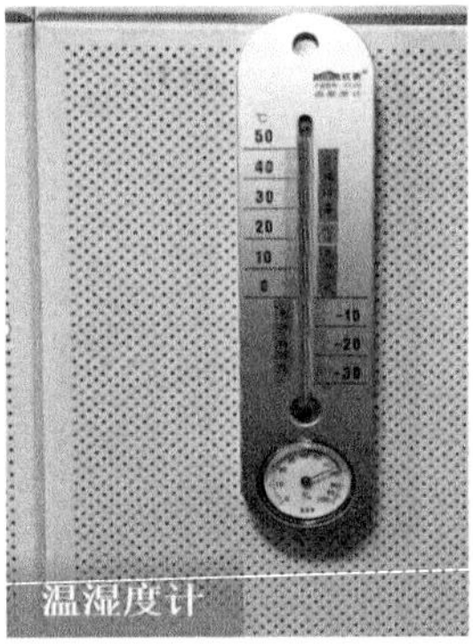

（五）设备房内灭火器

检查内容：放置位置；仪表指针；瓶体及配件；有效期；检查记录。

检查标准：放置位置，设备房内便于取用的地点。仪表指针在绿区范围。瓶体及配件无缺损、生锈等状况。有效期，常用的干粉灭火器有效期为10年。定期检查记录填写完整。

相关依据：①《中华人民共和国消防法》第十六条和第二十九条的内容；②《建筑消防设施的维护管理》（GB 25201—2010）中 6.2.18 的内容。

二、电梯系统

（一）电梯轿厢与监控室通话

检查内容：通话效果；轿厢内摄像头。

检查标准：确保双向对讲系统通话效果良好；摄像头能够清晰分辨轿厢内人员的数量和相貌特征。

相关依据：①《电梯制造与安装安全规范》GB/T 7588—2020 5.12.3.1 和 5.12.3.2 的内容；②《中华人民共和国特种设备安全法》第二十二条的内容。

示例图片：

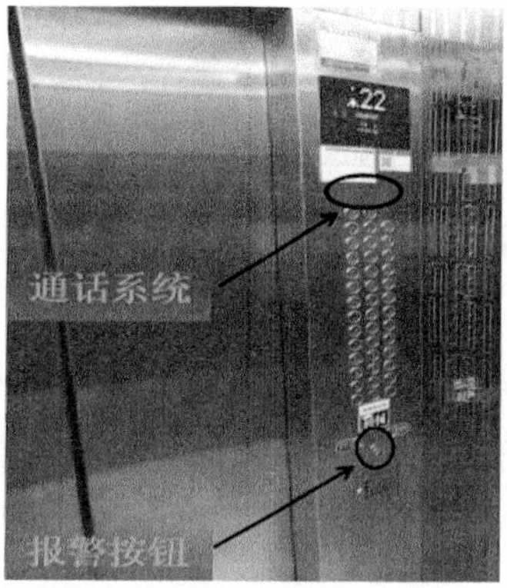

（二）电梯轿厢公示内容

检查内容：电梯安全使用须知；标准图文警示标志；特种设备使用标志（检测检验合格证）；电梯维保信息公示表。

检查标准：电梯轿厢内应有电梯安全使用须知；电梯基站厅门外和轿门内张贴标准图文警示标志；在特种设备使用标志上的有效期内；电梯维保信息公示表填写内容及时准确。

相关依据：《中华人民共和国特种设备安全法》第三十三条和第三十五条的内容。

示例图片：

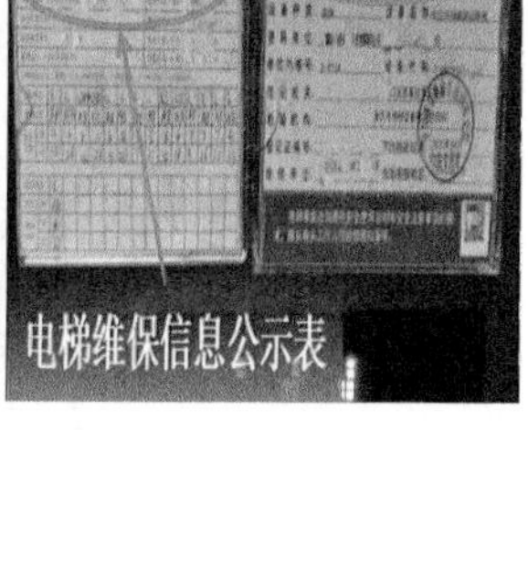

（三）电梯轿厢内通风照明情况

检查内容：通风情况；照明情况。

检查标准：电梯轿厢厢顶的通风设施工作正常；照明设施完好。

相关依据：①《电梯制造与安装安全规范 第1部分：乘客电梯和载货电梯》（GB /T 7588.1—2020）中 E.3.2 的内容；②《电梯自行检测规则》TSG T7008—2023 中 A.1.2.6.5 的内容。

示例图片：

（四）电梯设备房内温度调控设备

检查内容：电梯设备房内安装的空调等温度调控设备。

检查标准：空调等设备的安装要保证电梯的正常运行。

相关依据：《电梯技术条件》（GB/T 10058—2023）4.2.2 和 4.2.3 的内容。

示例图片：

三、消防系统

（一）消防应急预案

检查内容：应急预案；演练记录。

检查标准：按要求制定消防应急预案，组织演练，并有相关图文记录。

相关依据：《中华人民共和国消防法》第十六条和第四十三条的内容。

（二）灭火工具和装备

检查内容：灭火装备和设备。

检查标准：配备必要的灭火装备和设备。

相关依据：《中华人民共和国消防法》第十六条的内容。

示例图片：

（三）消防电话

检查内容：消防电话。

检查标准：通话清晰；定位准确（监控室接听后，能准确地定位报警位置）。

相关依据：①《中华人民共和国消防法》第十六条和第二十九条的内容；②《建筑消防设施的维护管理》（GB 25201—2010）中 6.2.13 的内容。

（四）设备房内灭火器

检查内容：放置位置；仪表指针；瓶体及配件；有效期；检查记录。

检查标准：放置位置，设备房内便于取用的地点。仪表指针在绿区范围。瓶体及配件无缺损、生锈等状况。有效期，常用的干粉灭火器有效期为10年。定期检查记录填写完整。

相关依据：①《中华人民共和国消防法》第十六条和第二十九条的内容；②《建筑消防设施的维护管理》（GB 25201—2010）中6.2.18的内容。

示例图片：

（五）消防泵房管网压力

检查内容：压力仪表。

检查标准：仪表应张贴有年检标志；仪表指针无卡死情况。

相关依据：①《中华人民共和国计量法》第九条的内容；②《中华人民共和国强制检定的工作计量器具检定管理办法》附件《中华人民共和国强制检定的工作计量器具目录》的内容；③《中华人民共和国国家计量检定规程 弹性元件式一般压力表、压力真空表和真空表》（JJG 52—2013）中2.7的内容。

示例图片：

（六）建筑物顶层消火栓

检查内容：建筑物顶层消防设施。

检查标准：压力表数值为 0.05 ~ 0.07 兆帕；轻开阀门，应有消防水流出。

相关依据：《消防给水及消火栓系统技术规范》GB 50974—2014 中的 5.2.2 的内容。

示例图片：

（七）消防泵房电气控制屏

检查内容：消防泵房手动 / 自动状态切换开关。

检查标准：开关应处于“自动”位置。

相关依据：《建筑消防设施的维护管理》（GB 25201—2010）中 4.5 的内容。

示例图片：

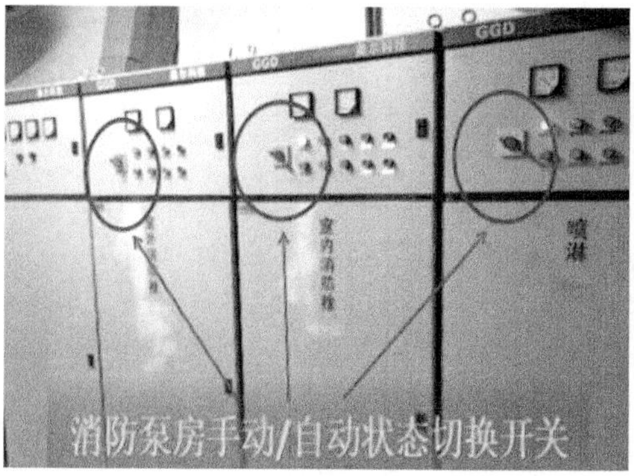

（八）正压送风及排烟装置

检查内容：正压送风口及排烟口。

检查标准：正压送风口及排烟口无遮挡。

相关依据：①《建筑防火通用规范》GB 55037—2022 中 6.5.8 的内容；②《建筑防排烟系统技术标准》GB 51251—2017 中 3.3.6 的内容；③《建筑设计防火规范》GB 50016—2014 中 4.5.5 和 6.3.3 的内容。

示例图片：

（九）室内消火栓

检查内容：室内消火栓。

检查标准：箱体（封条）完好及巡查记录填写完整；箱内水带、水枪、接口等完整无缺。

相关依据：①《中华人民共和国消防法》第二十八条的内容；②《公众聚集场所投入使用、营业消防安全检查规则》第四条的内容。

示例图片：

（十）消防通道

检查内容：消防通道。

检查标准：消防通道无车辆等占用、堵塞。

相关依据：①《中华人民共和国消防法》第二十八条的内容；②《人员密集场所消防安全管理》（GB/T 40248—2021）中 7.1.2 和 7.1.4 的内容；③《建筑设计防火规范（2018 年版）》（GB 50016—2014）中 7.1.5 的内容。

示例图片：

四、监控、消防控制室

（一）人员上岗证

检查内容：人员上岗证。

检查标准：消防控制室的操作人员应持证上岗，具有中级（四级）以上职业资格的操作人员应公示。

相关依据：①《消防救援局关于贯彻实施国家职业技能标准〈消防设施操作员〉的通知》中的内容；②《中华人民共和国消防法》第二十一条的内容。

示例图片：

（二）显示屏及影像储存

检查内容：显示屏；影像储存。

检查标准：监控显示屏无黑屏等故障；影像储存 30 天以上。

相关依据：①《民用建筑电气设计标准》（GB 51348—2019）中 18.1.5 的内容；②《安全防范工程技术标准》（GB 50348—2018）中 11.1.4、11.3.1、11.3.3 的内容；③《保安服务管理条例》第二十五条的内容；④《消防控制室通用技术要求》（GB 25506—2010）中 5.1 和 6 的内容。

示例图片：

五、化粪池

检查内容：警示标志；清掏疏通情况。

检查标准：应设置警示标志；并定期清掏（1 年两次以上），留有清掏合同、发票以及图文记录。

相关依据：《中华人民共和国安全生产法》第三十五条的内容。
示例图片：

六、游泳池

（一）警示标志

检查内容：警示标志。
检查标准：应有水深标记、安全警示标志。
相关依据：《中华人民共和国安全生产法》第三十五条的内容。
示例图片：

（二）保险

检查内容：保险（合同期）。
检查标准：应为员工购买一定额度的人身意外伤害保险。

相关依据:《中华人民共和国安全生产法》第五十一条和第一百一十六条的内容。

示例图片:

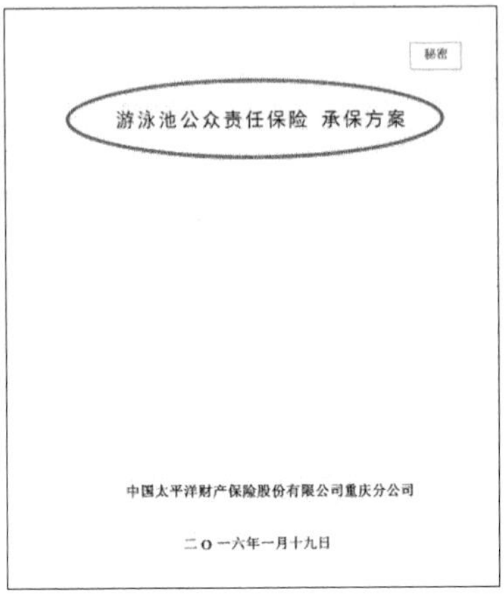

秘密

游泳池公众责任保险 承保方案

中国太平洋财产保险股份有限公司重庆分公司

二O一六年一月十九日

七、娱乐健身场所

(一)警示标志

检查内容:警示标志。

检查标准:应有“使用须知”等警示标志。

相关依据:《中华人民共和国安全生产法》第三十五条的内容。

示例图片:

（二）维保情况

检查内容：维保情况。

检查标准：器械设施无掉漆、锈蚀等安全隐患；维保记录信息填写完整。

相关依据：《全民健身条例》第三十条的内容。

示例图片：

八、停车场

（一）防火卷帘门

检查内容：防火卷帘门。

检查标准：防火卷帘门下严禁停放车辆、堆放杂物；出入口应准备防汛器材（如沙袋、挡板等）；积水坑附近应备有必要的抽水专用潜水泵等物资。

相关依据：《中华人民共和国安全生产法》第二十一条的内容。

示例图片：

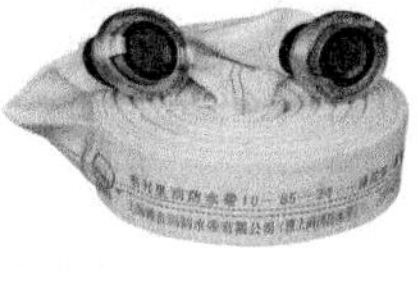

（二）电动单车停放、充电

检查内容：充电场所的灭火装置、监控、照明等设施设备配置情况。

检查标准：严禁在楼道内、楼梯间及安全出口等公共区域违规停放、充电，提倡专用场地集中充电；现场配置灭火装置、无监控死角、照明充足及有安全标志等。

相关依据：①《国务院安委会办公室关于开展电动自行车消防安全综合治理工作的通知》（安委办〔2018〕13号）二、治理重点中（四）的内容；②《电动自行车停放充电场所消防安全技术标准》DB 5116/T·16—2024中4.1和4.3的要求。

示例图片：

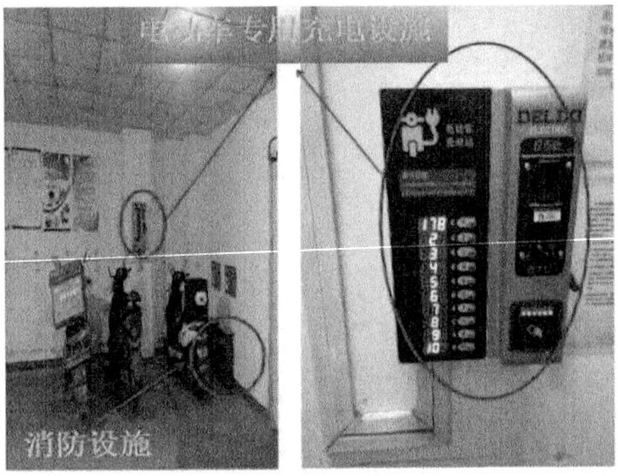

（三）电动汽车充电

检查内容：充电场所的灭火装置、监控、照明等设施设备配置情况。

检查标准：现场配置灭火装置、无监控死角、照明充足及有安全标志等。

相关依据：①《国务院办公厅关于加快电动汽车充电基础设施建设的指导意见》中的内容；②《电动汽车分散充电设施工程技术标准》GB/T 51313—2018中1.0.3第4条内容和6.1.1的内容。

示例图片：

九、房屋本体及道路

（一）逃生通道（楼道）及水电表井

检查内容：应急逃生通道；防火门；水电表井。

检查标准：安全通道无杂物阻塞；安全通道防火门保持常闭状态；水电表井内无杂物；电表井防火封堵完好。

相关依据：①《中华人民共和国消防法》第十六条的内容；②《高层民用建筑消防安全管理规定》第十条、第二十条的内容。

示例图片：

（二）雨棚及防盗网

检查内容：雨棚及突出外墙的防护网。

检查标准：对可燃雨棚进行自行拆除或将其更换为不燃、难燃材料，对突出外墙的防护网进行自行拆除、更换或开设应急疏散逃生口；有宣传告知存档资料及日常巡查记录。

相关依据：《中华人民共和国消防法》第二十六条的内容。

示例图片：

（三）空调外机支架及外立面

检查内容：空调外机支架锈蚀及外墙空鼓脱落状况。

检查标准：空调外机支架无锈蚀，外墙无空鼓脱落状况；有日常巡查记录及宣传告知存档资料。

相关依据：《中华人民共和国民法典》第一千二百五十三条的内容。

示例图片：

（四）攀爬梯

检查内容：建筑物顶面消防水箱外铁质攀爬梯。

检查标准：梯子牢固，无锈蚀，梯段高度大于 3 米时宜设置安全护笼。单梯段高度大于 7 米时，应设置安全护笼。当攀登高度小于 7 米，但梯子顶部在地面、地板或屋顶之上高度大于 7 米时，也应设置安全护笼。

相关依据：《固定式钢梯及平台安全要求　第 1 部分：钢直梯》（GB 4053.1—2009）中 5.3.2 的内容。

示例图片：

（五）建筑物防雷

检查内容：建筑物防雷检测报告及引下线。

检查标准：防雷测试报告显示检测合格；引下线无断裂、严重锈蚀；引下线无金属材质线绳与之相连（如屋面晒衣绳等）。

相关依据：①《中华人民共和国气象法》第三十一条的内容；②中国气象局第 20 号令《防雷减灾管理办法》第十一条和第十九条内容。

示例图片：

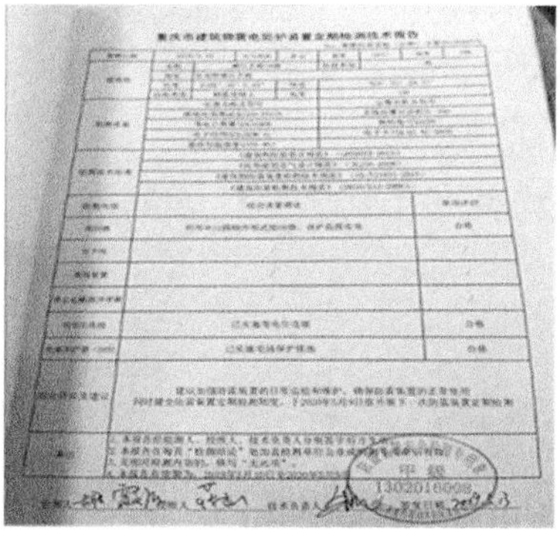

（六）屋面及单元口

检查内容：警示标志。

检查标准：建筑物楼顶、单元口等公共区域应设置醒目的警示标志（如严禁攀爬、严禁高空抛物等）。

相关依据：①《中华人民共和国民法典》第一千一百九十八条、第一千二百五十三条和第一千二百五十四条的内容；②《中华人民共和国刑法》第二百九十一条的内容；③《最高人民法院关于依法妥善审理高空抛物、坠物案件的意见》的内容；④《中华人民共和国安全生产法》第三十五条的内容。

示例图片：

（七）道路

检查内容：道路状况；道路旁排水沟及水篦子；道路旁警示标志；车辆停放状况。

检查标准：道路平整、不积水；道路旁排水沟及水篦子内无淤泥等杂物，排水畅通，有定期清掏冲洗记录；道路旁显著位置有“注意交通安全”等警示标志；无车辆乱停乱放的情况。

相关依据：《中华人民共和国安全生产法》第三十五条的内容。

示例图片：

第三节　安全隐患的检查

不同的社区对安全隐患的检查有不同的标准，下面介绍几种常见的安全隐患检查表。一般安全隐患检查表如表 3–2 所示。如果对检查标准和内容非常熟悉，可以参考表 3–3。如果要对照详细的检查标准，并对社区的情况进行评价，可以参考表 3–4。

表 3–2　社区安全隐患检查表

被检查单位：________________　　检查时间：　　年　月　日　时　分
详细地址：________________　　检查人员：

项目	内　容	是	否	不涉及
资料台账检查	1. 安全生产制度完善并上墙			
	2. 安全培训记录相关资料完善			
	3. 有应急疏散预案			
	4. 开展应急疏散演练			
	5. 单位内安全隐患自查整改记录齐全，填写规范			
	6. 防火巡查记录齐全，填写规范			
	7. 特种设备的日常维保记录齐全，并且注明了下次年检时间			
	8. 单位安全管理人员具有安全管理资质			
	9. 特殊岗位、特种作业人员具有操作证			

续表

<table>
<tr><td>项目</td><td>内 容</td><td>是</td><td>否</td><td>不涉及</td></tr>
<tr><td rowspan="9">设施设备巡查</td><td>1. 消防器材配置合规、有效（注：50 平方米 2 具）</td><td></td><td></td><td></td></tr>
<tr><td>2. 应急疏散指示标志、禁烟禁火标志、应急灯完好</td><td></td><td></td><td></td></tr>
<tr><td>3. 安全通道畅通</td><td></td><td></td><td></td></tr>
<tr><td>4. 消火栓内（水带、水枪）物品齐全</td><td></td><td></td><td></td></tr>
<tr><td>5. 电器线路规范穿管安装，电表有绝缘保护装置</td><td></td><td></td><td></td></tr>
<tr><td>6. 防火门常闭、未加锁</td><td></td><td></td><td></td></tr>
<tr><td>7. 熟知消防安全应知应会内容</td><td></td><td></td><td></td></tr>
<tr><td>8. 使用液化气罐情况（____个）</td><td></td><td></td><td></td></tr>
<tr><td>9. 生产存储、生活居住不在同一场所内</td><td></td><td></td><td></td></tr>
<tr><td>其他</td><td></td><td></td><td></td><td></td></tr>
<tr><td rowspan="2">安全隐患情况</td><td rowspan="2"></td><td rowspan="3">复查情况</td><td>复查时间</td><td></td></tr>
<tr><td>复查人员</td><td></td></tr>
<tr><td>处理意见</td><td></td><td>整改结果</td><td></td></tr>
<tr><td>被检单位签字</td><td colspan="4">姓名：　　　　职务：　　　　电话：</td></tr>
</table>

表 3–3　社区安全隐患检查表

排查日期	排查部门及人员	排查的隐患	隐患整改措施	复查人员、时间及结果	备注

表 3–4　社区安全隐患检查表

序号	检查项目	检查内容	检查标准	评价
1	电梯系统	电梯轿厢与监控室通话	中控室值班人员熟悉电梯编号	□符合 □不符合
			通话效果清晰、无杂音	□符合 □不符合
			轿厢内摄像头清晰	□符合
			能分辨轿厢内人员的数量和相貌特征	□不符合
2	电梯系统	电梯轿厢内张贴电梯安全使用须知、电梯维保信息公示表及特种设备使用标志（检测检验合格证）	电梯安全使用须知	□符合 □不符合
			检测检验合格证在有效期内	□符合 □不符合
			电梯维保信息公示表内容完整，电梯按时维保（15 天 1 次）	□符合 □不符合
3		电梯轿厢内通风照明情况	通风调温设备正常运行	□符合 □不符合
			照明设备完好	□符合 □不符合
4	消防系统	应急预案、演练记录	按要求编制应急预案	□符合 □不符合
			组织消防应急演练（图文记录）	□符合 □不符合
5		灭火装备和设备	配备必要的装备和设备	□符合 □不符合
6		消防泵房管网压力仪表	仪表表面有年检标志	□符合 □不符合
			仪表指针无卡死情况	□符合 □不符合

续表

序号	检查项目	检查内容	检查标准	评价
7	消防系统	建筑物顶层消火栓	压力表数值为 0.05 ~ 0.07 兆帕	□符合 □不符合
			打开阀门，有消防水冲出	□符合 □不符合
8		电气控制屏	消防泵房手动 / 自动状态切换开关处于“自动”位置	□符合 □不符合
9		正压送风口及排烟装置	无遮挡	□符合 □不符合
10		室内消火栓	箱体完好，有密封标志	□符合 □不符合
			箱内水带、水枪、接口等完整无缺	□符合 □不符合
11		消防通道	无堵塞消防通道情况	□符合 □不符合
12		监控、消防控制室名称及警示标志	门口张贴铭牌及安全警示标志	□符合 □不符合
13		监控、消防控制室内的挡鼠板	设备房门口必须设置高度为 50cm 的挡鼠板	□符合 □不符合
14		监控、消防控制室内的温湿度计	墙上合适位置设置温湿度计，温度控制在 5 ~ 40℃，湿度≤70%	□符合 □不符合
15		监控、消防控制室内的消防电话	通话清晰	□符合 □不符合
			定位准确（监控室接听后，能准确地定位报警位置）	□符合 □不符合

续表

序号	检查项目	检查内容	检查标准	评价
16	消防系统	监控、消防控制室内的灭火器	放置位置：门口顺手处	□符合 □不符合
			仪表指针在绿区范围内	□符合 □不符合
			瓶体及配件无缺损、生锈等状况	□符合 □不符合
			有效期	□符合 □不符合
			每周检查记录	□符合 □不符合
17		监控、消防控制室内设施设备、地面、墙壁、天花板等清洁状况及地面状况	干净整洁，地面原则上铺装有防静电地板	□符合 □不符合
18		值班人员职业资格证书	墙上公示获得中级以上职业资格的值班人员	□符合 □不符合
19		显示屏	显示屏正常运行	□符合 □不符合
20		影像储存	影像储存保存 30 天以上	□符合 □不符合
21	化粪池	警示标志	现场设置有警示标志（如此处危险，注意安全等）	□符合 □不符合
22		清掏疏通情况	查阅清掏合同、发票（1 年两次以上）	□符合 □不符合
			清掏图文记录	□符合 □不符合
23	游泳池	警示标志	现场设置水深标记、严禁跳水等安全警示标志	□符合 □不符合
24		保险（合同期）	应为员工购买一定额度的人身意外伤害保险	□符合 □不符合

续表

序号	检查项目	检查内容	检查标准	评价
25	娱乐健身场所	警示标志	有“使用须知”等警示标志	□符合 □不符合
26		维保情况	器械、设施基础部分牢固，无锈蚀	□符合 □不符合
			维保图文记录	□符合 □不符合
27	停车场	防火卷帘门及防汛物资	防火卷帘门下严禁停放车辆、堆放杂物	□符合 □不符合
			出入口设置防汛器材（如沙袋、挡板等）	□符合 □不符合
			积水坑附近应备有必要的抽水专用潜水泵等物资	□符合 □不符合
28	停车场	电动单车停放、充电	楼道内、楼梯间及安全出口等公共区域无违规停放、充电现象，提倡专用场地集中充电	□符合 □不符合
			充电场所配置灭火装置、监控、照明等设施设备	□符合 □不符合
29		电动汽车充电	现场配置灭火装置、无监控死角、照明充足、有安全标志,《自用充电桩建设约定书》签订情况	□符合 □不符合
30	房屋本体及道路	逃生通道、防火门及水电表井	安全通道无杂物堵塞	□符合 □不符合
			安全通道防火门保持常闭状态	□符合 □不符合
			水电表井内无杂物	□符合 □不符合
31		雨棚及防盗网	对可燃雨棚进行自行拆除或更换为不燃、难燃材料，有宣传告知存档资料及日常巡查记录	□符合 □不符合
			对突出外墙的防护网进行自行拆除、更换或开设应急疏散逃生口，有宣传告知存档资料及日常巡查记录	□符合 □不符合

续表

<table>
<tr><th>序号</th><th>检查项目</th><th>检查内容</th><th>检查标准</th><th>评价</th></tr>
<tr><td rowspan="2">32</td><td rowspan="24">房屋本体及道路</td><td rowspan="2">空调外机支架及外立面</td><td rowspan="2">无锈蚀、空鼓脱落状况，有日常巡查记录及宣传告知存档资料</td><td>□符合</td></tr>
<tr><td>□不符合</td></tr>
<tr><td rowspan="2">33</td><td rowspan="2">攀爬梯</td><td rowspan="2">梯子牢固，无锈蚀，梯段高度大于 3 米时宜设置安全护笼。单梯段高度大于 7 米时，应设置安全护笼。当攀登高度小于 7 米，但梯子顶部在地面、地板或屋顶之上高度大于 7 米时，也应设置安全护笼。</td><td>□符合</td></tr>
<tr><td>□不符合</td></tr>
<tr><td rowspan="2">34</td><td rowspan="2">建筑物防雷</td><td rowspan="2">防雷测试报告显示检测合格</td><td>□符合</td></tr>
<tr><td>□不符合</td></tr>
<tr><td rowspan="4">35</td><td rowspan="4">建筑物防雷下引线</td><td rowspan="2">下引线无断裂、严重锈蚀</td><td>□符合</td></tr>
<tr><td>□不符合</td></tr>
<tr><td rowspan="2">下引线无金属材质线绳与之相连（如屋面晒衣绳等）</td><td>□符合</td></tr>
<tr><td>□不符合</td></tr>
<tr><td rowspan="4">36</td><td rowspan="4">屋面及单元口</td><td rowspan="2">屋面设置“高空危险，禁止攀越”等警示标志</td><td>□符合</td></tr>
<tr><td>□不符合</td></tr>
<tr><td rowspan="2">单元口设置“严禁高空抛物”等警示标志</td><td>□符合</td></tr>
<tr><td>□不符合</td></tr>
<tr><td rowspan="8">37</td><td rowspan="8">道路</td><td rowspan="2">道路平整、不积水</td><td>□符合</td></tr>
<tr><td>□不符合</td></tr>
<tr><td rowspan="2">道路旁排水沟及水篦子内无淤泥等杂物，排水畅通，有定期清掏冲洗记录</td><td>□符合</td></tr>
<tr><td>□不符合</td></tr>
<tr><td rowspan="2">道路无乱停车、消防通道未被占用</td><td>□符合</td></tr>
<tr><td>□不符合</td></tr>
<tr><td rowspan="2">道路旁显著位置有“注意交通安全”等警示标志</td><td>□符合</td></tr>
<tr><td>□不符合</td></tr>
</table>

第四章　社区安全风险评估及应对

第一节　社区安全风险评估概述

作为国家治理体系和治理能力的重要组成部分，应急管理承担防范化解重大安全风险、及时应对处置各类灾害事故的重要职责，担负保护人民群众生命财产安全和维护社会稳定的重要使命。社区作为风险管理的重要对象，开展社区风险评估是制定社区应急管理预案的基础和依据。社区风险评估面向特定的空间区域、人口构成、社会活动及响应策略，这些都是社区风险评估的主要研究对象，也是前沿问题。

一、基本概念

（一）风险的概念

“风险”一词的由来，最早可追溯到远古时期，那时在人们的出海打捞捕鱼活动中，有“风”就意味着“险”，由于“风”是威胁自身生命、财产安全的最大因素，会带来很大的危险，因此“风险”的概念逐渐地形成。但也有学者指出，“风险”这一词的词源可以追溯到14世纪的意大利，当时意大利北部海上的商人认为，除了能推动小船航行，风还能带来未知的信息及挑战。无论如何，这两种说法均明确指出“风险”一词源于海上活动。在17世纪大航海时期，“风险”逐渐被理解为“开拓殖民领域进入一个新市场可能面对的损失”，而这些损失恰恰是未知的、不确定的。19世纪，风险这一概念逐渐被引用到商业尤其是金融保险领域，它指的是项目在营利行为中可能承担的利益损失。

目前，理论界对风险有多个层面的理解。ISO 31000：2018《风险管理指南》中，风险被定义为不确定性对目标的影响，同时也注明对目标的影响可以是正面的、负面的或者两者兼得，目标可以有不同的类别，并且可以应用在不同的层次，风险通常以风险源、潜在事件、后果及其可能性表示。由此可以看出，人们普遍认为，风险为不确定性对目标的影响，其中的不确定性有两层含义，即事件的不确定性对目标的影响程度和过程的不确定性。从模糊数学的角度出发，风险是量的不确定性下的模糊关系，因此单纯的风险指在某一特定情况下的可能性和后果的组合，离开这个特定情况谈风险是没有意义的。风险是一种结果，风险由这个模糊事件中对象与对象之间的关系表现出来，这个事件中的每个对象被称作风险因素。因为模糊事件中对象之间的关系是具有模糊性的，把一个复杂的风险简化成一个或者若干个风险因素之间的关系，即简单的风险，就容易控制住复杂风险。因此，厘清风险因素之间的关系、可能性和后果是十分重要的。

（二）社区安全风险

社区安全风险即各种不确定性对社区的影响，这种影响通常是负面的，指某一危险状态发生的可能性及其可能产生的后果对社区的影响。即使同一种风险产生的同一种后果，但作用于不同社区，对社区造成的结果也可能不同，这需要社区针对本社区的危险进行判别。因此，社区安全风险为可能对社区安全造成威胁的各类风险的总和。

由于城市人口高度密集、空间紧凑、资源高度流动、经济要素高度聚集等特点，城市社区往往是安全风险的高发区，也是学者们关注的热点和前沿，因此，本书中的社区安全风险指城市社区安全风险。

随着我国社区建设的不断推进，如何提高社区风险抵抗能力越来越受到关注，其中对社区进行风险评估已经成为目前研究的热点。作为安全社区建设的重要一环，社区安全风险评估是提高社区应急能力的重要举措之一。

（三）风险管理

目前，风险理论的研究逐渐由风险描述转向风险的管理和治理。人们开始由被动地接受转变为主动去掌控风险，然而由于风险信息的不对称性，掌握风险常常事与愿违，因此，“风险管理”的思想逐渐萌芽并进入管理领域。

风险管理又名危机管理，是指在风险环境中有效降低风险损失的管理过程。风险管理的首要目标是通过选择和实施适当的措施，尽可能有效地控制风险。风险评估的基本内容包括确认风险、描述风险概况、根据风险评估和风险管理的优先性对风险带来的危害进行排序、制定风险评估策略、决定进行风险评估和对风险评估结果进行审议。风险管理选择评估的程序包括确定现有的管理选项，选择最佳的管理选项，以及最终的管理决定。为了作出风险管理决定，风险评价过程的结果应当与现有风险管理选项的评价相结合。

（四）社区安全风险评估

社区安全风险评估是风险评估理论方法在社区安全管理中的具体应用，是建立以社区为本、以社区居民为主体的灾害管理模式的重要组成部分，旨在评估社区可能面临的各种灾害及其影响、社区的能力及脆弱性，关注社区人员面临的风险性质和水平。要进行社区安全风险评估的研究，就要揭示这些风险与社区各个方面的联系，并总结相应的应急管理模式，帮助社区依靠自身力量和外部力量尽可能有效地解决问题。而一个社区面临的各种安全问题，往往不仅仅在本社区存在，在更大社会范围内也同样存在。因此，开展社区安全风险评估的研究，总结更加有效的应急管理模式，有助于发现和解决社区更为广泛的安全问题。

鉴于社区风险类型的多样性，社区风险评估工作将面临很多复杂的难题。风险评估是风险管理中最重要的一个步骤。风险评估是指在风险事件发生前或发生之后，通过某种技术或方法对该事件的影响或损失程度进行定量化的评估。ISO 31000：2018《风险管理指南》中将其定义为：风险评估是风险识别、风险分析、风险评定的全过程。社区安全风险评估是一项较为复杂的系统工程，对开展组织实施、方法运用、情况汇总等多方面都提出了较高的要求。社区风险评估依据一定的风险评估标准和方法，依靠科学研判和其他评估手段，识别、分析和评价社区内外可能面临的风险因素及存在的薄弱环节，风险的性质、特征和影响结果，在此基础上，进一步判断风险的未来发展趋势并制定相应风险应对策略及编制应急管理预案，以有效地预防、规避、应对和控制风险，进而确保社区的安全。

二、社区安全风险类型

社区是城市的基本组成单元，是若干社会群体或社会组织聚集和居住在一定区域范围内组成的相互关联、关系密切的社会共同体。作为社会的基础和重要组成部分，社区在高质量发展的同时，也面临着各种危机。当危机来临时，社区作为最小的管理单元，将是各种突发事件最直接的承受者，而社区居民将是风险最直接的影响对象和应对者。城市社区安全风险不同于城市问题，它具有突发性、全面危害性以及难以预测性等特点，对社会和谐发展构成直接威胁。因此，以社区为立足点，开展安全风险评估以及应急管理模式研究非常重要也十分必要。

近几年，由于全球气候变暖，极端天气现象频发，各类自然灾害高发频发，风险和灾难性事件频发，洪灾、风灾、雪灾和地质灾害等常常威胁社区的安全。由于历史或自然条件的原因，我国城市人口大多分布在自然灾害严重和人口密度大的地区，有些城市部分建筑达不到设防标准，市政基础设施承载力超负荷。同时，我国正处于社会转型期，改革步伐不断加快，工业化和城镇化迅速发展，民生问题得到民众的普遍关心和关注，民众利益诉求日益多元化，社会矛盾和纠纷问题更加凸显，如果这些矛盾和纠纷等得不到及时解决，会对社区安全和社会稳定产生很大影响。目前，我国大部分城市的应急管理水平还有待进一步提高，众多社区存在公众安全意识不强、避灾避险及自救互救的知识和技能缺乏的现象，社区安全风险形势依然值得高度关注。

在过去几年的发展和建设过程中，在国家的倡导和重视下，全国综合减灾示范社区的创建范围不断扩大，社区防灾减灾救灾能力得以提升。火灾、水灾、公共卫生问题、治安事件、交通事故、社会矛盾以及伦理道德问题等，都是社区安全中的常见问题。各种不同类型的风险事故最近几年都在不同社区出现过。2010 年 11 月 15 日，上海静安区高层住宅大火，死亡 58 人，场面十分惨烈，灾后好多人多年回不了家。也有类似的火灾事故在其他社区上演。还有，因社区大规模停电而引发安全事故的风险；社区内如果有加油站，就存在加油站突然发生爆炸的风险；食品卫生安全的风险；社区居民家中的燃气热水器和液化气罐，如果使用不当也可能发生燃气中毒或燃气爆炸事故；社区里如果有重症精神病患者也可能是一个社会治安风险源；如果有敌对势力或暴恐分子潜伏到社区，情况将更复杂和危险。以上这些都是可能发生的风险。

通常，城市社区面临的主要安全风险可大致分为以下四大类。

一是自然灾害，如地震、暴雨、洪水、台风、暴雪等极端气候引发的自然灾害。二是事故灾难风险，如生产安全事故、交通事故、火灾事故和环境污染事故等。三是因流行性疾病等传染病或食物中毒导致的公共卫生事件。四是因利益诉求、劳资纠纷、房屋拆迁、社区治安纠纷、物业管理纠纷引发的群体性事件，还有举办大型集会活动或集体外出时发生的安全事故以及群体斗殴或恐怖分子袭击等。此外，还有社区成员通过互联网参与各类敏感事件，这种线上线下频繁互动的网络突发事件危机，给社区的安全管理带来了极大风险。

这四大类风险具有一些共同的特点。社区内人员密集，危机酝酿期短，风险转化为危机的过程容易被人们忽视，导致危机爆发前征兆不明显，危机爆发后影响和破坏很大。当发生公共卫生突发事件时，由于社区人员密集，人口结构复杂，老幼病残及体弱者随机分布，消毒隔离难度大，容易快速转化为严重危机。公共安全突发事件在社区内常常表现为群体性事件。例如，发生于业主与房地产开发商之间、业主与物业公司之间的利益纠纷，当一方的利益影响到另一方的利益时，两个利益方之间容易发生较大规模的冲突。当发生自然灾害突发事件时，尤其近几年来极端天气频发，灾害形成较快，社区如果准备不足、应对不力，由于自然灾害事件的影响面大，涉及的利益相关者众多，在社区内无论是居民还是社区服务机构都将面临巨大损失。

三、社区安全风险评估的内容

社区安全风险评估是社区安全管理的第一步，具有较强的专业性，其基本原理是将致灾因子和承灾体脆弱性两大因素在社区安全风险评估模型中进行整合，如图 4-1 所示。社区存在多种灾害，是多个灾害因素相互关联、相互制约的复杂系统。灾害是指具有潜在破坏力的自然事件或人类活动，可能引起人员伤亡、财产损失、社会经济混乱或导致环境破坏。而联合国国际减灾战略特别工作组认为，灾害具有自然和社会双重属性，是自然致灾因子与社会、人类脆弱性相结合导致的结果。因此，在进行风险评估时，一般从致灾因子和承灾体脆弱性两方面展开分析。

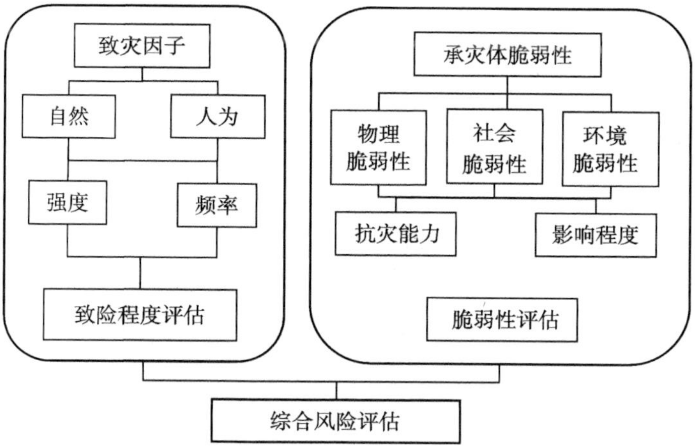

图 4-1　综合风险评估模型

致灾因子是指对人们生命、财产和生活等可能产生潜在的威胁和伤害的致灾因素，其主要包括自然灾害和人为灾害（如公共卫生事件），主要强调灾害的自然属性，而非社会属性。

因学术领域的不同，国内外研究者对脆弱性的解释存在差异。例如，联合国救灾组织认为，脆弱性是某种强度的自然灾害发生时给某一个或者某一些因素造成的损失度。国内学者刘铁民则认为脆弱性是能够使社区更容易遭受损失的条件，它既构成事故灾难的原因，又是风险的主要来源，并且脆弱性决定了灾难性质、强度以及结果。笔者认为脆弱性是指承灾体系统因干扰力的作用而发生变化，且系统本身具备一定的自我修复能力。脆弱性应该具有客观性、耦合性、系统性、生态性和针对性的特征。基于此，社区承灾体脆弱性指社区受风险源的作用，可能影响社区安全的因素以及能够影响社区恢复至安全状态的因素。

综合文献，在脆弱性分析研究框架中，脆弱性研究包含了承灾体暴露度、防灾能力和恢复能力等更为广泛的概念。暴露度和脆弱性是一个问题的两个方面。任何自然灾害，在毫无防备的情况下，暴露度会很高；如果有很好的防备，脆弱性就会降低。

四、社区安全风险评估的原则

社区安全风险评估工作涉及的知识面广，与实际联系紧密，因此，在对社区开展安全风险评估时应从该社区的具体实际出发，综合参考国内外的相关研究，从而遴选出更为科学合理且符合本社区实际的代表性评价指标。

（一）科学性

社区安全风险评估是社区应急管理的重要一环，其最终目的是社区的安全防范，而有效的防范基于对社区风险的正确认知，因此，评估应注重科学性。在评估过程中，选取的评价指标应能够反映各评价要素之间的内外在联系，确定反映风险源、承灾体脆弱性、暴露度的风险等级指标时应有科学根据。

（二）全面性

社区是一个复杂的系统，社区安全风险评估也应具有系统性，在评价指标选取方面应体现出全面性，不仅要考虑到社区安全风险源多样性的特点，还要考虑到暴露度的联系性以及承灾体的具体性的特点，使评价指标能够包含社区所有风险，体现出全局的思维。

（三）可操作性

社区各评价指标应概念确切，含义明晰，选取的指标应利于专业和非专业人士接受和使用。评价指标所需的数据资料应易于收集和认定，计算范围明确，计算方法应易于操作，且评价结果应符合实际。

（四）定量和定性相结合

在指标体系构建过程中，社区安全风险评价指标应在定性的基础上尽量实现定量化，从而清晰直观地体现出风险大小、控制难易程度等实际情况；对于难以定量化的指标，应结合实地调研、专家访谈等方式，尽可能将其转化为半定量的评价指标，从而使评价流程和评价指标更加合理、科学。

（五）逻辑性

社区评价指标体系的建立应体现各级指标建立的层次性，各级指标及不同指标之间应具有各自的特征，同时不同层级指标之间要有逻辑性，同层级指标之间应相互独立，在指标选取中应尽可能选取最具代表性的指标，指标数据要从多角度进行综合评价，定性和定量指标相结合，真实反映社区安全风险情况。

五、社区安全风险评估的特点

作为一种主动认识风险、降低风险的手段，风险评估有助于人们根据实际辨识出风险存在的薄弱环节，找出可能引起事故发生的具体条件，进而通过分析找到引发事故的真正原因，并对事故发生的可能性和后果严重程度进行预测。

社区安全风险评估应从社区实际出发，建立科学有效的评估方法，依托先进的评估手段，依靠当地政府的支持和保障，尽可能调动物业、消防等多方资源，不断探索和总结经验，以使风险评估更加科学完善。社区安全风险评估有两个特点：第一，社区安全风险评估的专业性较强。因为风险具有不确定性、发展性等特点，对风险的认知和判断很大程度上要依赖过去的经验，除此以外，有的风险还具有鲜明的专业特征，需要有足够的专业知识才能识别和防范。第二，社区安全风险评估主张广泛参与。社区安全风险评估是一个动态的、不断改进的过程，需要社区居民广泛参与、主动参与及持续参与。社区民众积极参与社区风险治理，有助于增强社区民众预防风险、化解风险的能力。因此，参与性是社区安全风险评估的重要特点。

第二节　社区安全风险评估的模式

一、社区安全风险评估模式

以社区为基础的安全风险管理是已经被普遍认可且被实践证明了的行之有效的理念和手段，因此安全风险评估应作为社区安全风险管理的起点和基础。社区作为诸多突发事件的现场和第一处置现场，是预防和应对各类突发事件的前沿阵地。因此，社区管理机构作为风险评估的责任主体，应坚持“政府主导、专业评估、公众参与”的原则，积极发动社区群众参与风险评估过程，倾听社区群众的意见，增强社区群众的风险忧患意识。在风险评估具体实践中，社区管理机构应对本社区居民开展风险知识培训，在社区民众具备相关知识后，鼓励他们根据自身经验，去感受评估致灾因子的过程。之后再鼓励社区民众参与风险地图的讨论与绘制，使居民的主观能动性得以充分发挥，从而促进社区安全。实践证明，“政府组织引导 + 专业支撑 + 民众参与”的社区风险评估模式，不仅可以充分发挥各主体优势，还可以促进各主体之间的沟通，从而降低信息不对称，有效地推进风险评估的进程。这种责任分担式的风险评估模式，有效地避免了传统的层级安全管理模式带来的效能不高的问题，提升了民众的风险意识和相关知识技能，从而促进了社区的安全管理。切合社区实际开展安全风险评估，发展参与式社区管理模式，建设社区防救灾队伍是社区安全管理发展的趋势。社区居民可共同参与的风险评估模式包括社区安全风险评估模型和社区安全风险地图。

（一）社区安全风险评估模型

社区安全风险评估模型建立在安全风险评估的基本理论与方法的基础上，主要包括社区脆弱性评估、社区致灾因子评估和社区减灾能力评价。社区脆弱性和致灾因子指标一般主要通过文献检索、实地考察调研、头脑风暴法、专家会议等研究方法获取。社区脆弱性评估是对社区承受灾害的能力的评估分析，受到社区自然、社会、经济因素及它们的相互作用过程的影响，可分为物理、经济社会和环境脆弱性三大部分。致灾因子评估是在社区民众对四类灾害事件（自然灾害、事故灾难、公共卫生事件及社会安全事件）感知的基础上，分析评价每一种灾害的强度和频率，借用模糊数学综合评价模型进行整合分析，并利用层次分析法来确定权重大小，最后建立起该社区的风险评估体系。而作为检验社区减灾投入和准备的社区减灾能力评价，通常通过对客观指标数据的收集进行。社区风险评估结果最终可以通过多样化的形式呈现在社区风险报告中，比如文字、数据图表、可视化图像等。鉴于每个社区都有自己的独特性，社区风险评估不能千篇一律，而应体现本社区的特色。

（二）社区安全风险地图

安全风险地图是一种图像化、视觉化、形象化地展示社区安全风险以及安全信息的工具，它包括危险源、脆弱性区域、重要区域、应对措施和安全场所五类内容。针对危险源和脆弱性区域，在社区安全风险地图中除了标记其位置，还应评估其危险性大小以及发生事故的可能性如何等。在社区安全风险综合评估后，通过颜色的不同来表示其危险源和脆弱性区域的危险程度，通常用红、橙、黄三种不同颜色表示危险源及脆弱性区域的危险性由高到低。风险地图可以把一个社区的风险特征以最直观的形式表现出来。社区应鼓励社区居民和相关利益方根据自身生活经验和对社区的感知，积极参与社区安全风险地图绘制。在绘制过程中，社区居民参与分组讨论、现场确认考察，可以加深对社区风险隐患的了解，从而提高公众安全意识。社区公众安全意识的提升，有助于居民识别、预防和控制风险，从而减轻社区风险的危害。社区安全风险地图的绘制是风险评估具有参与性的特点的具体体现。

（三）社区风险评估模式

在实际中，社区居民对于风险的概念没有准确的认识，对于专业性较强的风险评估方法和技能更是无从把握，即使开发了评估模型，社区也很难独立完成风险评估工作。而政府部门尽管承担了相关的管理职能，但很难持续跟进。因此，风险评估模型能否在社区内进行全面应用，于各级政府而言都是一种政策性的难题。社会组织引入社区管理可能是解决风险评估模型推广应用的出路，多元参与的风险评估模式中，政府、研究结构、社会组织以及社区在评估中如何有效发挥各自的作用，从政策上应如何引导需要进一步探索。

二、社区安全风险评估的主要内容

社区安全风险评估主要包括自然灾害风险评估、社区公共安全风险评估、重大事故安全评估以及社会安全风险评估。从我国社区的特点和社区应急管理的重点来看，当前社区安全风险评估主要集中在自然灾害风险评估和社区公共安全风险评估两个方面。

（一）自然灾害风险评估

当灾害来临时，社区居民是灾害最直接的受体。尽管在灾害风险管理过程中政府责无旁贷，但作为直接受体的社区居民，也应积极学习风险防御相关知识和技能，积极防灾减灾，采取有效的措施，发挥主体责任，群策群力，从根本上把灾害的损失降到最低。因此，近年来，灾害风险管理作为一种社区管理的理念和手段，得到国际社会的普遍认可，其中风险评估是社区灾害风险管理的起点和基础。

1. 自然灾害风险评估的内容

当前，随着全球气候变化，我国极端自然灾害（如洪涝、干旱等）频发。同时伴随着我国现代化建设的持续推进，城市综合体、基础设施、高层建筑等的建设，再加上我国工业化的快速发展，产业链、供应链日趋复杂，各类承灾体的脆弱性、暴露度、集中度加剧，致使多灾种集聚和灾害链特征越来越突出，灾害风险的系统性和复杂性日益加剧。社区自然灾害风险评估伴随着各种灾害研究。在研究早期，研究者主要从各个自然灾害的发育特征、形成机制和致灾因子的重现率等方面进行研究，研究存在孤立性。目前，在自然灾害评估中，超越概率是一个重要的概念，它通常用于描述在一定时期内、特定地区可能遭遇超过一给定强度或频率的自然灾害的概率，例如，在地震评估中，超越概率可以描述为某地区在未来50年内遭遇某一地震烈度值的概率。通过超越概率可以评估不同强度自然灾害发生的可能性和严重程度。基于超越概率的评估结果，我们可以对自然灾害风险进行合理分级，并制定相应的应对策略和措施。超越概率的自然灾害评估风险不仅对致灾因子、暴露度和脆弱性进行分析，还涉及三者之间的关系。

（1）致灾因子分析。致灾因子是指在自然或人为环境中，能够引起人类伤亡、财产损失、环境破坏或经济动荡等各种不利影响的因素。致灾因子从根本上决定风险存在与否及风险的大小，大致可以分为自然致灾因子、技术致灾因子和社会致灾因子，自然致灾因子主要是由自然界中发生的异常现象引发的地震、泥石流、洪水等。技术致灾因子指由于技术系统、设备、管理等方面的缺陷或失误引发灾害的因素，如工业污染、核泄漏等。由于人类大规模改造自然环境，自然致灾因子和技术致灾因子无法解释现代工业事故，学者们对致灾因子研究扩展到社会致灾因子，即对人的行为、组织行为的研究。社会致灾因子是指由人类社会活动、组织结构和管理等因素引发的灾害风险，如恐怖袭击、公众防灾意识缺乏等，社会致灾因子已跃居自然致灾因子之上，成为灾害增加的主要因素。

① 引发因素。依据出现的原因，可以将致灾因子分为外生因素和内生因素。外生因素指地球表面因素形成的自然致灾因子，如大气现象中的温度、降水量、风，可以引发洪涝、泥石流等。内生因素则指地球内部因素形成的

自然致灾因子，如地球内部能量的蓄积，可以引发地震。

② 空间分布。致灾因子的空间分布涉及事件发生的具体地理位置和在该位置的具体地理条件。如洪涝多发生在地势低平的平原或相对低平的山谷地区，而泥石流常常在山地和陡峭地方发生，同时植被覆盖率、降雨量、坡度等也会影响其形成。不同致灾因子影响的范围也不同，有些致灾因子影响有限，如泥石流，但有些致灾因子影响范围广泛，甚至是全球性的，比如气候变暖。

③ 时间跨度。致灾因子发生作用的时间跨度也因致灾因子的不同而不同，有的致灾因子发生时间可能短至几秒内或几天内，如地震、洪水等；而有的致灾因子作用时间较长，甚至需要几百年或更长时间，如气候变暖、沙漠化等。确定危险性事件发生过程的起止点非常有必要，因此，我们需要测量致灾因子的时间跨度。

④ 等级 / 强度。致灾因子能释放能量的多少往往决定了其危险性的大小，致灾因子危险性常常用等级来衡量，如表示风力大小的风力等级，地震的震级等。而强度则是表示地面及其建筑物等遭受破坏的程度。

⑤ 概率分析。概率是一种表示某事件发生可能性大小的量。由于致灾因子发生概率和其强度之间存在一定的相关性，因此，在致灾因子分析中，需要进行与致灾因子相关的概率分析。它主要研究给定的区域范围内，某时段内各种强度的致灾因子发生的可能性的大小，来预测评估致灾因子未来发生的概率。因此，它往往通过数理统计的方法，在对历史灾害数据进行分析、提炼的基础上，建立其致灾因子强度和概率之间的函数关系。由此可见，致灾因子的概率分析的核心是在研究区域的地理特征、历史灾情等的基础上，分析一段时间内，某一致灾因子以一定强度发生的可能性，或者在可能条件下该致灾因子发生的等级或强度如何。

（2）暴露分析。暴露指暴露于风险灾害下的各要素，即承受灾害的对象，如基础设施、建筑物、人和经济活动等。因依据不同，暴露要素有不同的分类方法，如按照风险评估尺度来划分，从小到大依次可以分为社区级、区级、市级、省级和国家级。按风险评估对象的不同，可分为城市和农村。除此之外，也可以按利用资源的不同进行分类，或者依据不同的部门，如住房、健康、教育、基础设施、能源等进行划分。目前，HAZUS-MH 是各国可借鉴的进行暴露要素分类的方法，它基于地理信息系统，可以针对地震、洪灾等多种灾害进行损失估算，该软件包含暴露要素调查和分类，是一种全面的、科学的、标准化的体系模块。

（3）脆弱性分析。面对突发公共事件的刺激，不同社区脆弱性的高低主要取决于内部和外部两个因素。当社区遭受外部的冲击，物理因素和环境因素这些静态因素（主要包括基础设施建设、空间规划、社区环境安全等）使社区外部暴露于危险中时，免于外部灾害扰动的规避能力，是社区抗击外部风险的第一道防护网，因此可以将其归为社区外部脆弱性的影响因素。而经济因素、人口因素、社会因素、社区资本、管理因素，这五类动态因素的衡量要素主要与居民、社区组织、社区经济水平等相关，影响着社区内部系统的整体运转，决定社区能否在面对突发公共事件时，各个要素有序配合，形成强大的可恢复力。这些因素可视为社区内部脆弱性的影响因素。

灾害脆弱性的特征有：系统性，表现在脆弱性的产生和改变受到其所处环境的社会、经济、环境、制度等多种因素的共同影响；相对性，表现在系统受某一扰动是脆弱的，但受另一种扰动则是稳定的；动态性，表现在脆弱性是随着时间变化而变化的；尺度效应，表现在脆弱性可以从家庭、社区、城市，甚至国家尺度来表达；位置特异性，表现在同类物体因位置不同，脆弱性大小存在差异。

脆弱性分析可以把灾害/事件与风险研究紧密联系起来，有助于正确认识灾害风险形成机制，它是灾害风险评估中最核心的因素。脆弱性分析的方法主要有指标体系法和灾损曲线法两种。指标体系法是通过指标优选、权重赋值和模型构建来计算脆弱性指数，它不仅可以评估单一灾种脆弱性，也可以评估多灾种的脆弱性，但其结果只能代表一种相对脆弱性的度量。指标体系法是一种比较粗糙的评价方法，常用于数据有限或缺乏定量参数的情况下的脆弱性评估，如生态环境脆弱性模型等。灾损曲线法则解决了指标体系法评估结果的粗糙、可操作性不强等问题，为脆弱性评估提供了新的思路。

（4）损失评估。风险是可能的损失，在自然灾害风险评估中，损失评估是必不可少的环节，而损失定量是损失评估的重要内容。损失定量的方法有：历史灾情法、空间信息格网法和专家估值法。

历史灾情法是在获取各个行政区历史上每次自然灾害的损失比例及社会经济统计数据的基础上，根据获得的自然灾害强度信息，来确定社会经济财产受灾情况及损失值。

空间信息格网法是将灾害特性网格（比如洪水的水文特性）和社会经济特

性网格叠加，获取基于 GIS 的灾害损失空间信息格网模型，再结合该种灾害损失率数据，计算评估这种灾害的损失。

专家估值法则是邀请有经验的专家参与，专家根据其工作经验直接给出自然灾害所造成的损失，这种方法主观性强，量化结果精确度没有保障。

2. 社区自然灾害风险评估的方法

基于指标体系的灾害风险评估。在灾害风险指标体系构建中，指标的选取和指标的优化十分重要。因其涉及的空间尺度比较大，不仅包括社区、市级，甚至包括国家级、全球。目前，基于指标体系的评估方法主要借鉴空间信息网格技术，它将选取的指标数据（如脆弱性指标、致灾因子强度等）转化为网格形式，再通过数学叠加来获取灾害风险值，从而达到灾害风险评估的目的。这种方法是在较大区域风险评估中比较成熟的一种技术，但这种方法主观性比较强，虽然目前在国内外发展都比较成熟，但却无法模拟动态的、不确定性的复杂系统。

基于风险概率的灾害风险评估（概率分析法）。该方法是在对历史灾害数据收集整理的基础上，利用数理统计的方法，经分析和提炼，建立灾害风险概率与损失关系函数和曲线，找出灾害风险概率与灾害事件强度和损失之间的关系及灾害发展演化的规律，实现对未来发生灾害风险的预测评估。

基于情景的灾害风险评估（情景分析法）。该方法可以对自然灾害风险实现动态评估，它可以对不同情景下自然灾害强度（如洪涝灾害淹没时间、深度、流速等）进行数值模拟，并和承灾体属性信息（如人口密度、房屋建筑、基础设施等）进行叠加，使得灾情的时空演变特征与区域影响直观地呈现。该方法主要借助 GIS 栅格数据空间分析技术，实现灾害风险的可视化表达，在目前自然灾害风险评估中最为常用。

（二）社区公共安全风险评估

城市社区公共安全风险评估必须以现有风险研究为基础，联合国国际减灾战略中明确提出了必须建立与风险共存的社会体系，强调从提高社区抵抗风险的能力入手，促进区域可持续发展。同样，城市社区公共安全风险评估包括风险识别、风险分析和风险评价三个过程。但城市社区公共安全风险评估与一般自然灾害风险评估不同，前者受到居民对风险认知的影响。在目前的公共安全风险评估中，通常采用的指标有脆弱性和应对能力两个。因此有必要对两个概念进行辨析。联合国国际减灾战略“2009 减轻灾害风险术语”中认为，脆弱性是指一个社区、系统或资产的特点和处境使其易于受到某种致灾因子的损害，而应对能力是指人员、机构和系统运用现有技能和资源，以应对和管理不利局面、突发事件或灾害的能力。从上述两个定义来看，应对能力也应该包含在脆弱性研究中，应对能力的高低也是风险灾体系统的考量因素。另外，安全是免除了不可接受的损害风险的状态，因此应该关注居民的风险认知，其决定着风险是否能被接受。在社区，公共安全风险评估一般包括脆弱性、暴露、社区应对能力和居民风险认知四个指标。

综合评价是社会科学领域中重点关注的问题之一，经典的综合评价的方法有主成分分析、因子分析、模糊评价、突变级数法等。在构建公共安全评价模型时，要综合考虑其适用性。这里就突变级数法进行介绍。

突变级数法是在突变理论的基础上发展起来的一种综合评估方法，其按照系统内在作用机理，确定若干评价指标，并对这些指标进行无量纲化处理，得到突变模糊隶属度值，并利用突变模型的归一公式进行递归运算，求出系统的综合评价值。突变级数法吸取了层次分析法、效用函数法和模糊评价法的长处，通过对分歧集的归一处理，得到了一种突变模糊隶属度函数。突变级数法只需按照评估指标间的内在逻辑关系对其重要性进行排序，并给出底层指标的突变模糊隶属度值，而中间和顶层的突变模糊隶属度值是由突变模型从底层逐级递归计算得来的。应用这种评价法最大的优点是，无须主观去确定各因素的权重。但其缺陷在于评价结果分值过高并趋近于 1。

安全风险评估需要考虑多种因素，国内外关于综合评价的方法也有很多，如第三节介绍的风险矩阵法、情景分析法、层次分析法等。由于各种评价方法的适用条件以及效果各异，因此科学地选择评价方法尤为重要，以确保评估工作规范化、程序化、科学化、系统化。

三、社区安全风险评估体系

（一）政府的政策引导和统筹协调

鉴于社区安全风险的复杂性、专业性，基层社区不可能独立完成评估，政府职能部门受职责所限，也不可能直接开展社区风险评估的实施。有效的方法是建立政府引导社会组织和机构、社区利益相关者共同参与的良好协同治理模式。

（二）研究机构的专业分析和技术支持

高校和专业机构、研究中心一般是社区风险评估的支持机构。这些支持机构具有专业的理论和技术知识，在社区综合风险评估中，能提供理论化、科学化和专业化的支持，开发基于社区实际的风险评估模型，为后续的社区风险评估技术分析提供后台支撑。同时，社区风险评估支持机构还应对社会组织开展专业培训，使其了解和掌握社区风险评估的基本内容和具体实践。

（三）社会组织参与

社会组织应在社区安全风险评估中起积极作用，用专业知识、方法来带动社区民众参与风险评估，是政府、研究机构在社区的重要补充。鉴于我国目前从事风险评估的社会组织少且缺乏专业性，大多需要研究机构对其进行标准化培训并多次实践，才能具备综合减灾防灾的知识和技能。社会组织能很好地推广社区风险管理理念和方法，在政府与社区之间起到良好的沟通纽带作用。

（四）社区居民参与

社区民众是社区安全风险评估的参与主体。民众参与风险评估可以提高风险意识和应对风险的能力，因此，在社区安全风险评估中，社区民众也应作为主体积极参与风险评估过程。社区民众广泛参与是社区风险评估的内涵。在推动社区安全风险评估实践中，社区居民在接受风险知识和技能培训的基础上，积极参与社区安全风险评估，根据自身经验和实际感受来评估致灾因子，并积极参与社区安全风险地图的讨论与绘制，为社区安全贡献力量。

政府引导＋研究机构和社会组织的专业支撑＋社区居民参与的多元社区安全风险评估体系，不仅可以充分发挥各主体的优势，还可以使各主体之间相互依赖和互相补充，从而推动社区安全风险评估的进程。这种社区风险评估的体系，实现了风险分担，不仅可以减少传统的层级安全管理的效能衰减，提升评估的效能，其成果还可以被社区民众共享，产生良好的社会效应。

四、社区安全风险评估的主要过程

（一）社区安全风险评估流程

社区作为突发事件应急管理的主要组织单位，在风险评估中处于主体地位。在社区风险管理过程中，风险评估作为一项非常重要的工作，是风险管理措施制定、风险决策的重要手段。根据风险评估的理论，社区安全风险评估的过程如下。

1. 识别社区安全风险

根据风险管理的理论，风险评估的第一步是识别风险，即在社区安全风险评估过程中，第一步是要识别当前社区面临的各类风险。根据我国对突发事件管理的相关规定，社区主要面临的安全风险包括自然灾害风险、公共安全风险、公共卫生风险以及事故灾难风险四类。

2. 理解和分析社区安全风险

在对社区安全风险进行识别之后，以社区的承灾体脆弱性和致灾因子危险性为评估内容，借助地理信息工具，分析不同社区的安全风险特征，构建社区安全风险评估的模型与指标体系。同时，以政府部门统筹协调、高校专家指导、社区居民广泛参与的风险评估模式，广泛开展社区安全风险评估的各项活动，理解和分析社区安全风险，对不同社区当前的风险源、承灾体脆弱性、风险危险性等安全风险进行评价，形成相应的评估结果。

3. 社区安全风险管理

利用 GIS 信息空间技术，形成社区安全风险地图，将社区当前的风险信息和知识纳入社区安全管理体制中，通过宣传活动、培训、社区交流、应急演练等多种形式让社区居民了解现实风险模型，强化风险意识，提高风险应对能力，采取系统化的风险管理措施，提升社区安全管理的效率。

（二）社区自然灾害风险评估流程

社区自然灾害风险评估步骤如下：

第一步：风险评估计划的制订。社区应充分考虑风险评估的目的和目标，再结合社区实际成立评估小组，并制订详细的风险评估计划。

第二步：评估区域和评估人员的确定。根据社区实际，确定进行风险评估的范围，以及需要参与的社区居民、相关政府人员和专业组织机构人员。

第三步：整理并确认评估资料、评估数据的来源和要求。通常，社区自然灾害风险评估的资料有历年统计数据、实地调查资料、文字资料、本社区的地图和遥感影像这几类。这些数据应能体现或表征承灾体、致灾因子、社区脆弱性等信息。如地图、遥感影像可以解析社区的自然地理环境的变化和致灾因子的时空分布特征等；历史灾情信息中历年灾害发生的大小、频度、人员伤亡、财产损失和当时抗灾能力等可以为灾害评估提供现实依据。

第四步：分析社区居民风险认知情况。收集整理当地居民对社区风险认知和应采取措施等内容和经验的掌握情况，结合 GIS 技术，将其转化为可利用的空间数据信息，进而评估该社区的危险性、脆弱性并确定风险评估的标准。

第五步：分析社区灾害致灾因子。在收集基础数据和居民风险认知情况的基础上，利用 GIS 软件和灾害风险评估模型（如内涝风险评估模型）来分析各种不同强度灾害发生的概率、影响范围和空间分布特征。

第六步：分析社区灾害暴露情况。利用 GIS 软件，将社区危险性评估的结果与其建筑分布图叠加，从而获取可能遭受灾害的家庭暴露的空间分布信息。

第七步：分析社区灾害脆弱性情况。社区评估小组应根据前期收集的本社区基础灾害数据资料，并结合脆弱性评估结果等，建立社区不同家庭的脆弱性曲线，再通过 GIS 软件分析不同灾害类型下本社区家庭脆弱性的空间分布情况和特征。

第八步：社区灾害风险评估。在分析致灾因子、暴露度、脆弱性以及社区居民灾害风险认知情况的基础上，进一步对各种情景下的灾害风险进行评估。

（三）社区公共安全风险评估流程

第一步：构造评估指标体系。在研究社区公共安全生成机理及对应关系的基础上，将系统指标一一分解，将分解后的指标再进行自上而下的分级，最终形成多层的指标体系。一般来说每一级指标不应超过 4 个。社区公共安全评估指标与一般自然灾害评估指标不同。

第二步：数据的采集和量化方法。在采集到定量指标的原始数据后，由于各指标的实际意义存在较大的差别，表现形式不同，需要进行无量纲化处理。比如：由于危险性和暴露的指标单位不一致，需进行无量纲化处理。除了定量指标，对定性指标的量化，通常采用成熟度度量方法。

第三步：检验评估及指标体系确立。为了确保科学性，对基本指标量进行检验。对评估值权重进行设定，在这些指标的基础上进行综合评价模型的构建。

公共安全风险评估的绩效评价是一个非常复杂的问题，很多研究仅停留在探索性阶段，随着研究的不断深入，理应成为我国城市应急保障管理的重要推动力量。

第三节　社区安全风险评估的技术过程

社区安全风险评估，是指在政府、专业机构、社区居民多方参与下，通过调查社区自然地理环境、建筑构筑物状况、居民情况等各方面现实数据，结合历年来在社区发生的各种灾害情况，通过专家咨询、社区居民认知，整理、归纳、分析社区内可能存在的风险类型，然后依据合适的评估方法和技术，对社区存在的风险类型进行定量分析和评估，预测灾害类型发生的频率及损害后果的可能性，以及灾害发展趋势、影响范围、程度等，通过提前采取恰当的措施来减小、降低甚至消灭这些潜在的危害因素或其发生频率和影响后果，以达到预防社区突发公共事件发生或降低损失的目的。由此可见，社区风险评估可以实现社区从安全隐患治理向风险治理前移，是社区安全保障的基础工作。

因类型不同，风险差异较大。因此，在风险评估活动中，不仅要考虑风险管理过程的背景，还应考虑采用何种风险评估技术与方法。

合适的风险评估技术和方法，可以及时高效地完成评估。在具体评估过程中，风险评估的复杂程度和详细程度各有不同，几乎没有同样的案例，因此，评估技术和方法需要根据社区具体情况选择。

一、评估技术的选择

（一）合适的评估技术

一般来说，合适的评估技术应具备如下特征。

一是适应组织的相关情况。

二是评估结果不仅可追溯、可复制、可验证，还应该加深对风险性质和应对方法的认识。

三是应说明选择该技术的适用性和相关性。

每种方法都可以评估社区的风险状况，但都需要权衡取舍。因此，选用何种技术，需要对不同技术及其评估后果进行比较，根据比较结果，综合考虑。选择评估技术时，可以根据以下因素进行考量。

· 风险评估目标。评估目标不同，评估所用的技术也会有差别。

· 决策者的需要。决策者有时需要充分地评估细节，有时可能只需了解总体情况就可以作出有效的决策。

· 风险的类型及分析范围。

· 风险后果的严重程度大小。

· 相关人员水平、专业知识及所需资源的程度。

· 信息、数据的可获得性如何。

· 修改 / 更新风险评估的必要性。鉴于风险因子的动态性，评估结果也需要不断地修订或更新，因此，便于调整的方法应优先考虑。

· 法律法规及合同要求等。

在能满足评估的目标和范围的前提下，应优先采用简单方法。

此外，在选择风险评估技术时，我们还应考虑资源的可获得性、现有数据和信息的不确定性、应用方面的复杂性等其他因素。

（二）资源的可获得性

资源的可获得性对评估技术的选择有重要影响，可能影响的资源和能力有以下方面。

· 风险评估团队的团队能力、技术水平和实践经验。

· 社区风险因子相关信息和数据的可获得性。

· 时间或其他资源的限制。

· 经费预算。

· 外部资源的可获得性。

（三）信息和数据的不确定性

系统的不确定性一直存在，社区作为一个复杂的系统，同样也存在着不确定性。因此，我们所获得的信息或数据并不总是可靠的，从而导致风险评估结果的偏差。这些信息或数据的不确定性，可能来源于信息质量的高低、信息或数据量的大小以及它们的完整性。例如，该社区历年灾害信息的不完整、对社区居民情况把握不及时、数据采集方法不可靠、不同利益相关方对数据的解读存在差异等。因此，风险评估人员应认识到风险评估结果可靠性的意义，对评估过程产生的不确定性的类型和性质进行充分理解剖析，并和决策者沟通，说明这些情况。

（四）应用方面的复杂性

系统性风险的内生性决定了系统的复杂性。例如，在对社区安全风险评估时，应从系统的角度进行总体评估，而不是孤立地评估单个部分，既要看到全部，也要注意各部分之间的联系。社区的某一风险应对措施可能会影响其他的生产活动，如在社区公共卫生安全事件中，如果采取社区一刀切，态度不好，可能会进一步加剧社区风险，使公共卫生事件进一步演化成公共安全事件。因此，我们要充分认识到风险之间及风险后果之间的相互关系，确保在进行某个风险管理时，不会引发另一个风险。因此，充分理解系统中风险的复杂性，是选择评估技术和方法的重要前提。

二、风险识别的技术

社区安全风险识别的方法多种多样，在实践中，任何有利于辨识社区安全风险的方法都可以用来识别社区安全风险。常用的风险识别方法有：检查表法、头脑风暴法、德尔菲法、情景分析法、预先危险分析法、风险矩阵法、人因可靠性分析、层次分析法、事件树分析等。这些方法有的是利用自身的经验，有的是参考同行业类似项目的经验，也有的是利用专家的智慧。

（一）检查表法

检查表法通常依据经验进行编制，它是一个危险、风险清单。检查表编制的一般依据有标准、法规、操作规程、本行业的安全生产实践等，将这些要素列成表格进行分析。按此表进行检查，以“是 / 否”进行回答。它不仅用来识别潜在危险或风险，也可以用来评估控制效果，还可以作为补充，配合其他风险评估技术使用。

（二）头脑风暴法

头脑风暴法通常泛指任何形式的小组讨论。它将一群知识渊博的人员聚集起来，通过意见表达、建议、沟通、讨论等思想碰撞，对系统的相关危害、风险、潜在的失效模式及应对策略进行评估。该方法中，有效的引导特别重要。通常，在会议之初，需营造自由讨论的氛围，以便于后面充分激发大家的讨论；在讨论过程中，需要引导促使讨论不断产生新的想法和新议题。头脑风暴法不仅可以单独用来激发风险管理过程的想象力，从而发现新的问题或解决问题的新思路，也可以用于更细致或细节的讨论。同检查表法一样，头脑风暴法也可以和其他评估技术联合使用。

（三）德尔菲法

德尔菲法又称专家调查法，它不同于头脑风暴法，该方法是单独征求相关专家的意见，在形成观点前，团体成员之间无讨论和交流，调查人只单独与专家沟通。调查人整理专家意见后，再次反馈给专家，再次征求专家意见和建议，如此往复，最终达成共识。该方法中专家的水平会影响到结果，因此要确保专家的权威性，确保专家提供的信息尽可能充分，以保证每次结果的有效性。德尔菲法在风险管理过程任何阶段都可以应用。

（四）情景分析法

情景分析法是一种类似于“如果－怎样”的分析方法。它主要通过假设、预测等手段，针对社区范围内可能出现的安全风险，找出影响它的关键因素，然后分析该风险可能发生的情景及可能造成的后果。尽管该方法无法预测未来各类风险发生的可能性，但可以帮助社区考虑到其发生的可能性，并提前准备。情景分析法在风险评估的各个环节都能发挥作用，还可以帮助决策和规划未来战略，能预测风险或危险发生的可能方式，因此，常常用在分析各类长短期风险活动中。

（五）预先危险分析法

预先危险分析是一种事前预防的方法，它通过简单易行的分析归纳，识别风险类型、来源、出现条件、可能导致的后果和有关预防措施等。通过早期辨识，避免以后走弯路。在对风险进一步分析排序时或其他更全面的技术无法使用时，预先危险分析法可以发挥其作用。

（六）风险矩阵法

风险矩阵法是一种可视化的工具，它可以直观地呈现系统风险的分布情况，便于管理者确定风险的关键控制点和应对方案。它把风险发生的可能性与可能的后果结合起来，通过半定性分析，对风险进行排序，并可以根据风险因子对风险目标的影响及发生可能性来绘制风险矩阵。作为一种风险筛查工具，根据风险在矩阵中的具体区域，可以明确需要进一步分析的风险，或最应优先处置的风险。风险矩阵法较为灵活，在识别风险点时可以与德尔菲法、鱼骨图分析法等诸多方法相结合。

（七）人因可靠性分析

人因可靠性分析以对人的可靠性进行定性与定量分析和评价为中心内容，以分析、预测、减少与预防人的失误为研究目标。在各种事故分析中，人因可靠性分析有着很重要的作用。从大量事故案例中，我们可以看出人为错误是一系列灾难的主要原因，这警示人们，不要只关注物的不安全状态，而忽视人为错误。实践证明，在人机系统中，人为错误时有发生，尤其是当操作者决策的时间比较短时。人因可靠性分析既可以进行定性研究，如用于识别系统潜在人为失误及原因，也可以定量使用，这时人因可靠分析主要为故障树分析或其他方法的人为故障研究提供基础数据。

（八）层次分析法

由相互关联、相互制约的因素构成的复杂系统，在进行系统决策和排序过程中，往往缺乏必要数据。层次分析法可以解决难以完全定量分析的问题，特别适用于多目标、多层次、多因素这种复杂系统的决策。这种方法具有系统性、灵活性、实用性等特点，广泛应用于经济、社会、科技等领域的预测、评价、决策和规划。该方法是定量分析和定性分析相结合的多目标决策分析方法，把数学处理与人的经验和主观判断相结合，能够有效地分析目标准则体系层次间的非序列关系，最终有效地综合测度评价决策者的判断。层次分析法的基本原理是排序的原理，即最终将各方法或措施等研究对象排出优劣次序作为决策的依据。

（九）事件树分析

事件树分析（Event Tree Analysis，ETA）从事故的起因即初因事件出发，把事件的起始状态作为出发点，按照事件发生发展的时间顺序，分析初因事件可能导致的各种后果，从而定性或定量地评价系统的特性。由于在该方法中事件的序列是以树图的形式表示，故称事件树。ETA 具有散开的树形结构，考虑到其他系统、功能或障碍，ETA 能够反映引起初因事件加剧或缓解的事件。ETA 分析适用于多环节事件或多重保护系统的风险分析和评估，既可用于定性分析，也可用于定量分析。定量分析主要用于分析多项安全措施的失效模式，分析控制措施的可接受程度。

在风险评估技术当中，有些技术要基于证据或历史资料，如检查表法；有些技术需要专家团队的讨论和意见，在归纳推理的基础上，在各种可利用技术的支持下准确、完整地识别风险，如头脑风暴法、德尔菲法等。有些技术需要一个专家团队，通过一套结构化的问题或提示，来识别风险。在实际的风险识别过程中，采用何种技术依赖于整个风险识别过程中要认识到的人为和组织因素的重要程度。如果人为因素或组织要素偏离预期，也应纳入风险识别过程。

三、风险评估过程

社区安全风险分析的内容包括风险源和风险产生的原因、影响风险发生的可能性因素、风险事件发生的可能性、产生的后果的影响大小及范围、风险源与其风险之间的相互关系。另外，在风险分析中还应考虑风险控制措施的有效性及风险的其他特性，确定风险等级时，需要对既存风险潜在后果范围和发生的可能性进行估计。如果某些事件的后果不重要或者发生的可能性很小，这时，单项的参数就足以进行决策了。但实际上，风险往往是一系列可能事件互相作用、相互叠加的结果，或者风险可能是由现有技术和水平难以识别的某种事件引发的。这时，根据单项参数就不能进行决策，需要系统分析各组成部分的重要性和薄弱环节，然后针对性地确定其防护措施或补救措施。

四、先进感知技术与风险识别

风险识别是风险评估的第一个环节，风险识别的内容主要包括对风险源的识别、风险事件及其原因和潜在后果的分析。风险源是产生风险事件的始发地，对风险源的发现和对风险源监控生成的数据是进行后续风险分析的基础。在缺乏技术手段支持的情况下，风险源的发现和监控完全依靠人工进行，必然会导致发现不及时、有所疏漏、数据不准确的情况。现在大量的新技术可以用于风险源的发现和监控，其中以物联网为代表的感知技术为风险源的发现和监控提供了解决方案。

（一）基于物联网数字社区的风险源管理

1. 物联网与数字社区

物联网是指通过信息传感设备（如射频识别、传感器、定位系统、激光扫描器等），将物体的信息互联网络经过信息交换和处理，实现对物体的智能化识别、定位、监控和管理的一种网络形态。数字社区是指以互联网和社区宽带网为载体，充分利用物联网、智能移动终端以及计算机技术，对社区基础设施与生活相关的各方面内容进行最大化的数字化处理并加以整合、利用，通过软件系统，实现应急管理、社区服务、城市管理、社会治安、电子政务等管理与服务于一体的体系。物联网已经成为数字社区中必不可少的基础设施。具备物联网的信息采集和传输设施设备的自动控制等功能，能使整个数字社区更加智慧化。

物联网用于社区风险源管理及风险评估的优势主要表现在以下四个方面。

· 监测的覆盖面广。传感设备在近年来发展很快，产品类型多，可以监测多种风险源，成本低，布设方便，特别适宜社区这样范围相对有限的环境。

· 监测时间密集。物联网的感知系统一般都能承担连续工作，不会出现空白时间。

· 监测数据准确。物联网的感知数据较人工准确，精确度高，数据误报、错报的概率小，大大提高了数据的准确性和可用性。

· 监测数据传输快。物联网的基本特征之一就是感知系统和网络系统的无缝连接，其网络传输系统可以是传感器网络、无线网络、有线网络、卫星网络，采用最合适的通信协议，可以实现监测结果的实时传输、远距离传输以及高速传输。

2. 基于物联网的数字社区风险识别和评估过程

数字社区的基本构架一般可以划分为现场感知层、传输控制层、基础服务层、社区应用层。基于物联网的数字社区的环境体系，其社区风险评估的一般过程如图 4–2 所示。

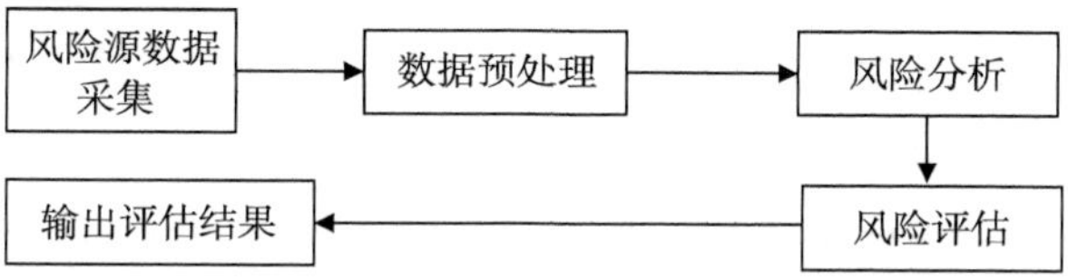

图 4–2　基于物联网的数字社区的风险评估过程

（1）风险源数据采集。由于风险源具有不同的类型，在社区范围内，一般也存在多种风险源。对所有类型的潜在风险源进行监控是不切实际的，需要根据社区的实际情况有选择地针对不同的风险类别设置不同的传感设备，如烟雾传感器、距离传感器等。

（2）对传回的数据进行预处理。传感器采集的数据，通过采集网关，经局域网或互联网传回中心。一般在传回中心前，首先需要对采集的数据进行预处理。预处理主要包括两方面：一是对数据进行必要的取舍，数据的采集很多是全天候、不间断的，因此会产生大量的数据。这些数据由系统先进行浅层的判断，将完全无助于后期分析的数据抛弃，只保留那些在一定敏感范围内的数据。二是对数据进行必要的处理，由于监测的风险源种、传感器的种类不同，原始数据也就具有多源异构的特点，需按一定标准进行规范化、归一化的处理。

（3）对数据进行系统分析。由现场感知层传回的数据，需要进行系统分析评估。这些数据不是孤立的，相互之间存在一定的关联，在分析一项数据时，需要将它放在关联数据中一起进行分析。同时，虽然这些数据是风险评估的重要数据，但它们并不是唯一的依据，还需要结合社区的防护应对能力、承灾体的承受力等情况进行系统分析。

（4）输出评估结果。评估结果可以以报告或其他可视化的方式输出，作为社区进行安全方面决策的依据。现场感知设施的布设范围、重点也需要根据评估的结果进行调整。

（二）基于遥感的社区安全风险评估

与物联网的传感器主要以嵌入现场进行感知的方式不同，遥感是一种远距离的探测技术，通常是以卫星、飞机等运载工具，搭载各种传感器进行探测工作。这些传感器主要以获取目标物体的电磁波特性为基本的信息采集方式，通过对这些信息的传输、贮存、解译、修正，达到识别目标物体，并对其定时、定位、定性、定量分析的目的。根据搭载工作平台的不同，遥感可以分为地面遥感、航空遥感、航天遥感。中国高分辨率对地观测系统（简称高分专项），经过十多年的建设，已构建起了稳定运行的高分卫星遥感系统，我国已具备了全天候、全天时、时空协调的对地观测的能力，自给率高达 90%。遥感目前已成为相关行业获取信息的重要技术手段，其在社区安全风险评估中的应用如下。

1. 社区自然灾害监测与评估

遥感在自然灾害的评估中扮演着重要的角色，可以应用于对地震、台风、暴雨、洪涝、旱灾、森林与草原火灾、雪灾、赤潮等灾害的监测，其中建筑的抗震、抗风能力的遥感评估，火灾风险、洪灾淹没风险的遥感评估等自然灾害风险评估得到很好的应用。

2. 社区水质、环境监测与评估

遥感技术可以用于对污染风险源和被污染对象的监测。通过遥感调查分析，可以为社区环境风险提供评估信息。遥感技术通过对水体及其污染物质的光谱特性的分析估算水体污染的相关数值，由此监测水质变化情况。适当地应用遥感技术，还可以获得污染源的地理位置和有关的其他信息，如被污染的水体、土壤、大气的范围、浓度等情况。结合具体的地理、气候等环境条件，还可以进一步预测分析，如可以通过污染物扩散的范围和梯度峰值模拟，分析污染扩散的风险和趋势。

3. 社区火灾风险评估

遥感影像经过处理之后能够得到社区建筑的基础性资料，如不同比例尺的正射影像图、区域面积、建筑密度图、建筑容积率图、建筑质量分布图、土地利用现状图等，还可以进行更进一步的消防专业分析，如对建筑的耐火程度、油罐区等危险源的分布、消防站的布局、消防通道的贯通程度、消防水源的分布等情况的分析，并根据这些信息对社区的火灾易损性和抗灾能力进行评估。

4. 社区应急抢险

应急状况下很多技术手段都可能因为实施的客观条件而无法使用，但遥感技术在这方面有明显的优势，它可以在不接触目标的条件下对目标进行观察，从而获取信息。遥感技术对事发现场条件的依赖较小，具有对突发性灾害的快速应急反应能力。“5·12”汶川地震中，遥感技术对于灾情信息的快速获取以及救灾决策发挥了重要作用。现在遥感已经成为重大应急活动比较常见的技术手段。

（三）智慧社区框架下的社区风险评估系统

近年来，智慧城市建设发展迅速，被视为解决城市发展难题的一个有效途径。智慧社区是智慧城市建设中的一个重要子项。智慧社区侧重于公共数据资源的建设和利用，即在丰富的、可共享的数据支持下，实现智慧化的应用，形成社区发展的智慧大环境，探索居民生活、社区管理和服务的新模式。

智慧社区框架下的风险评估系统指的是：在智慧社区的平台上，建立风险评估子系统，系统以风险管理标准化的流程和方法为指导思想进行构建，进行社区风险管理。作为智慧社区的子系统，风险评估可以充分利用本社区的各种数据资源，还可以获取整个智慧城市—街道—社区体系中的相关资源，并与上级风险评估系统对接，形成风险评估层级网络。

智慧社区风险评估系统主要由四个子系统构成，分别是风险评估的数据准备、数据统计与分析、风险评估配置管理、标准化风险评估。

智慧社区安全风险评估系统的构成和工作流程如图 4–3、图 4–4 所示。

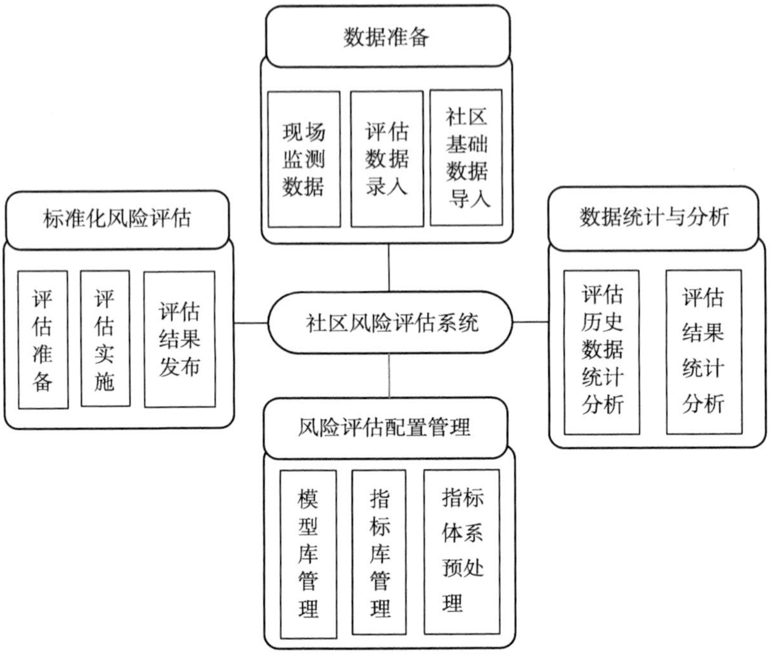

图 4-3　智慧社区风险评估系统的构成

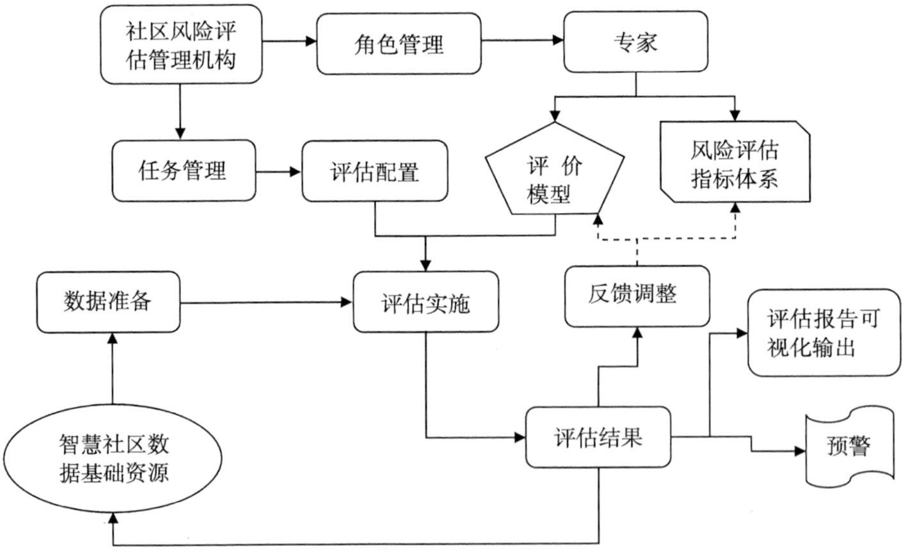

图 4-4　智慧社区风险评估系统的工作流程

（四）基于大数据的社区风险评估

大数据是指无法用现有的常规软件工具提取、存储、搜索、共享、分析和处理的海量的、复杂的数据集合。这些数据具有规模性、多样性、低密度价值以及高速性的特点。大数据是人们获得新认知和创造新价值的源泉，并已经成为调整政府与公民关系，改变市场及各类组织机构的新的突破性的技术手段，大数据的基础建设和应用已经得到国家的大力推动和支持。

以往的社区评估数据由于受限于数据的稀缺、孤立，质量受到了很大的影响。大数据的兴起，为风险评估开辟了一条新的路径。大数据对风险评估的主要支持表现在如下方面。

1. 大数据拓宽了社区风险评估的数据视野

数据视野拓宽主要体现在数据的空间、时间和类型的变化上。社区作为社会的基层组织，在信息化发展过程中相对滞后，各种基础数据比较匮乏，评估的数据不得不依靠抽样调查等方式来获取。因此社区风险评估的体系构建基本上形成了比较窄的基调。而在大数据发展的今天，以智慧社区为引领的社区数据生产逐渐覆盖社区的各个组成单元，数据的覆盖空间大大拓展。

从数据的时间维度上看，大数据时代的数据产生越来越具有连续性，相对于以往只能够在有限的时间刻度上获取的数据而言，大数据为风险评估提供了更具有时间还原性的依据。在此基础上，风险评估有条件进行多次的、周期性的评估，弥补单次评估可能带来的偏差。在某些领域，还可以开展实时在线的评估，避免由于数据被不当加工引起的评估偏差。而对于安全管理而言，实时的在线风险评估还可以获取宝贵的时间资源。

风险评估所依据的，要么是以结构化的文本和数字为主的数字信息，要么是没有经过数字化的资料、访谈等，因此评估不得不依靠大量专家或有关管理者的主观判断。在大数据时代，不仅是视频、音频、图像、网页、邮件等大量非结构化的数据资源被生产传播；更重要的是，与大数据一同发展的机器学习、人工智能等新技术为这些非结构化的数据提供了更深层的表达方法和解读方法，使它们真正开始可以被识别处理和分析。因此风险评估将有可能走出困境。

2. 大数据更新了社区风险评估的分析视角

基于以上数据视野的变化，风险评估有了新的视角，大数据的一些基本思维对社区风险评估的基本方法的更新也有重要的启示。在大数据条件下研究数据时，更倾向于使用所有的数据进行挖掘和分析，这和小样本数据研究方式大大不同。

大数据的另一个特征就是注重数据的关联性，通过大量的数据来发现和验证一些现象的关联，这种特征在分析尚未获解事物之间的因果关系时，就具有比较准确的预测能力，对于风险评估这种着眼于潜在事件发生的研究有着重要的作用。

以往风险评估中一个非常薄弱的环节是，结构化数据无法表达和获取关于人和人群的心理状态、主观情绪，因此，评估不得不忽略人的实际影响。在大数据背景下，这种状况得以改善，由于数据的泛在和多种类型数据的共存，人的因素必然会隐含在这些数据中并被解读，这对风险评估的全面性是一个非常有益的补充。

3. 大数据促进了社区风险利益相关者的共享与互动

数据共享是大数据生态圈的基本规则，在大数据发展的触动下，原本处于“孤岛”状态下的各种数据资源逐渐破冰，走向共享之路。社区风险评估因此受益，获得丰富的数据资源，并有更多通道将风险评估的成果交付社区风险利益相关者共享。这种良性的循环不仅保障了数据的供应，还使评估依据、方法和过程有了更大的透明度，激发了相关人员的参与和关注，对于发挥风险评估作用产生了很好的影响。

大数据下的社区风险评估系统如图 4–5 所示。

（五）风险分析的可视化技术——GIS 技术

地理数据是对各种对象的地理特征以及对象间关系的表示，地理数据由空间位置、属性特征及时域特征构成。空间位置数据描述对象的地理位置，包括绝对位置（如经纬度）和相对位置（如相邻、包含等）。属性特征数据一般是与位置无关的数据，描述对象的一些属性特征，如桥梁的等级、长度、宽度、通行能力等。时域特征数据是指采集对象数据信息时的时刻或时段。时域特征数据对环境模拟分析非常有价值，越来越受到重视。

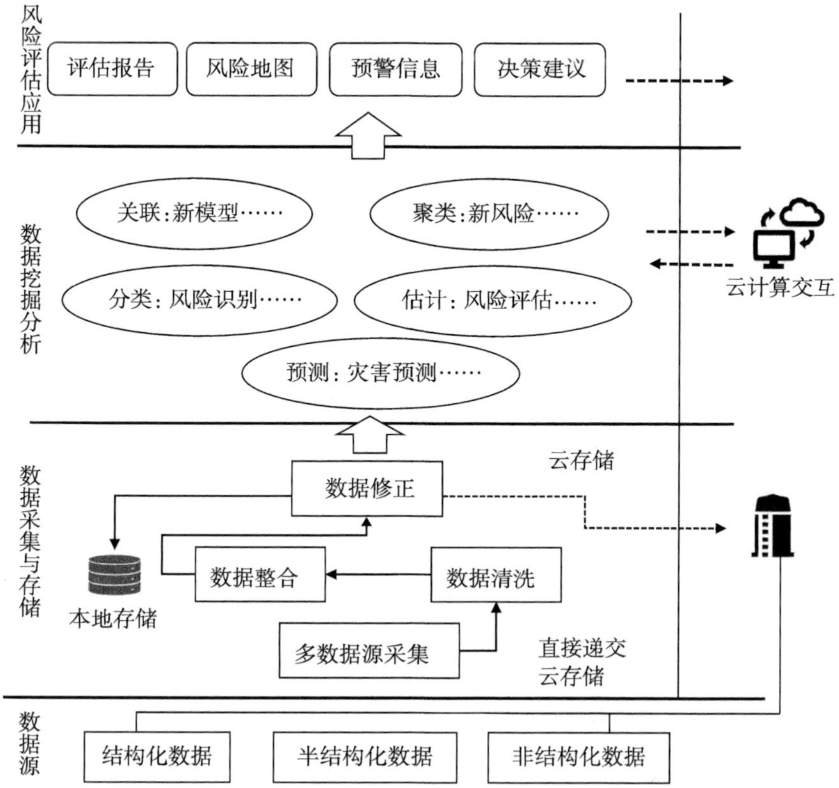

图 4–5　基于大数据的社区风险评估系统分层结构示意图

现实世界中的信息，很多都与地理信息有关，尤其在安全管理领域中，突发事件的诸要素几乎都和地理位置有关，风险源一般以点状、线状等地理形态存在，承灾体一般也是一块特定的区域，或是附属于特定区域的人或物，因此，使用具有地理表达和分析能力的信息系统介入辅助安全管理工作，对于社区安全管理工作有很高的实用价值。

地理信息系统（Geographic Information System，GIS）是结合地理学与地图学的计算机系统，具有空间信息分析和处理能力。GIS 构建地理参照空间，这个参照空间与现实世界的地表空间要素进行了映射。GIS 将其管理对象依照其地理属性植入参照空间，进行各种与空间相关的处理分析，以各种形式的地图方式来展示结果。这种能力作为对常规的信息系统的有力补充，并与之集成，形成 GIS。

GIS 用于社区安全风险管理的优势主要体现在以下方面。

适宜风险源的空间表示。风险源的种类多样，但从其分布形态来看，主要有点状、线状（带状）、片状，不同的风险源之间、风险源与环境之间的位置关系对风险的演变有着重要的影响。GIS 作为一种工具，能捕获、管理、加工并显示空间和地理数据，对于点、线、面等几何数据的支持是其基本特性，利用 GIS 进行空间数字地面模型分析，可以直观表现地理环境的特征，再现风险源和周围环境的相对位置关系，使风险管理能够建立在模拟的地理现场上。

适宜风险源及相关风险因素动态分析。在现实世界中风险源及相关的风险因素处于动态的变化之中，不同的时间呈现不同的状态，风险管理需要对这些不同时点的状态进行对比分析。随着时间的变化、设备的更新以及周遭环境条件的改变，风险源的风险值也会发生相应的变化。在 GIS 环境下，可以方便地实现对这些风险信息的更新和查询。

适宜建立可伸缩的社区风险源管理。由于社区的情况千差万别，不同的社区面临的风险形势不同、风险应对的能力不同、风险管理的措施不同，并且处于发展和变化中。由于 GIS 具有分层管理数据的特性，可以根据各个社区的不同条件，在基础数据上叠加相关的环境、监测数据，形成一种具有弹性的模式，即社区的各种数据采集越丰富、越密集，就能够在 GIS 平台上得到越准确、越详细的分析，从而获得更科学的风险源管理决策。

GIS 下的风险源管理思想就是利用 GIS 的空间分析和空间展示能力，以风险评估规范为评估标准进行评估，并以风险预案的方式对暴露的风险给出应对措施，其实现策略如图 4–6 所示。

社区安全管理系统的地理数据包括社区的基础地图、社区的网格划分，还可以叠加气象、警力分布、市政（水、电、燃气管网）、医疗救援等专题地图，将风险源作为系统的核心数据录入系统，并在系统中维护更新。由评估规范生成的评估引擎对风险源及相关的致灾因子作出评估，得出静态的风险评估，展现该社区在常态下的风险态势，并进一步结合实时采集的风险源监控数据，进行实时的风险评估。无论是动态还是静态的评估，都能充分利用 GIS 的空间分析能力。对于超过了一定阈值的风险状况，则根据风险应急预案生成应急措施，应急措施同样可以展示在地图上。

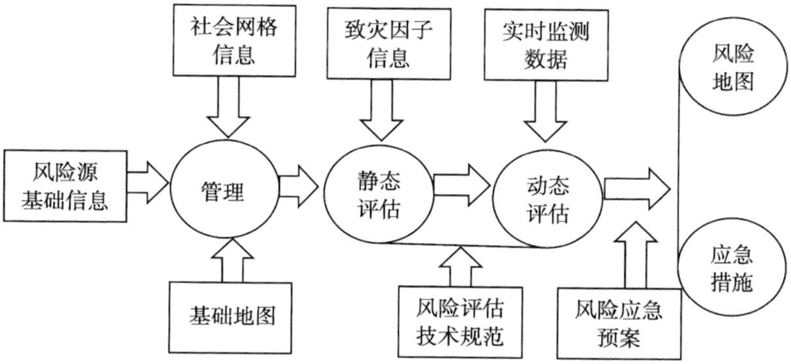

图 4-6　基于 GIS 的风险源管理的实现策略

第四节　社区灾害风险地图的绘制

一、风险地图的内涵

风险地图是以灾害风险为主题内容的地图，着重表示致灾因子、危险源的等级和分布，承灾体及其脆弱性的等级和分布，以及应急避难场所、紧急疏散路线和减灾救灾资源等要素的信息。

风险地图是一种利用图形技术直观展现已识别出的风险信息及趋势的风险识别方法。厘清各风险源之间的因果关系是利用风险地图识别风险的关键，而初步识别出整个系统存在的各种风险是厘清风险源之间因果关系的基础。基于风险地图的风险识别和分析方法，是用具体的项目或系统进行项目风险地图的构建，把各风险因素影响程度大小利用关系链反映出来，最终确定系统中存在的较为关键的风险因子。风险地图可以用来协助管理层对社区或系统风险进行深入、全面的辨识和分类，从而引导社区或系统明确需要管理的风险、进行风险排序等。

二、风险地图的要求

（一）灾害风险信息

灾害风险信息包括致灾因子、危险源、承灾体的类型和分布或范围信息，致灾因子和危险源的危险性及承灾体脆弱性的等级信息，应急避难场所、紧急疏散路线和减灾救灾资源信息。其中，致灾因子类型见表 4–1，危险源类型见表 4–2，承灾体类型见表 4–3。致灾因子和危险源的危险性以及承灾体的脆弱性等级根据社区实际情况划分为高、中和低三个等级，分级标准根据社区的历史灾情记录和实地调查分析加以确定。

表 4–1　致灾因子类型

大类	类型
地震灾害	地震
地质灾害	滑坡
	山体崩塌
	泥石流
	地沉降
	地面塌陷
	地面裂缝
气象灾害	暴雨、暴雪
	大风
	高温、低温冻害
	冰雹
	雷电
水旱灾害	洪涝
	干旱
森林、草原火灾	森林、草原火灾

表 4–2　危险源类型

大类	类型
事故灾难	生产安全事故（包括街道范围内的工厂事故）
	交通事故
	火灾
	燃气事故
	公共设施和设备事故
	溺水事故
	环境污染或生态破坏
	其他类型的事故或灾难
公共卫生事件	传染病、疫情
	集体食物中毒
	职业危害
	动物疫情
	其他类型的卫生事件
社会安全事件	盗窃
	其他刑事案件
	群体事件，如上访
	其他社会安全事件，如恐怖袭击等

表 4–3　承灾体类型

大类	类型
房屋建筑	城镇房屋建筑
	农村房屋建筑
基础设施	交通运输设施、设备（公路、铁路、机场、水路）
	通信设施、设备（核心机房、铁塔）
	能源设施、设备（发电厂、变电站、油气管道、输电线路等）
	市政设施、设备（供水设施、交通等）
	水利设施、设备
	其他基础设施、设备

续表

大类	类型
公共服务设施	教育设施、设备（学校等）
	医疗卫生设施、设备（医院等）
	科技设施、设备（科技馆等）
	文化设施、设备（博物馆、图书馆、宗教设施等）
	广电设施、设备（广播电视台、广播电视传输网相关设施等）
	体育设施、设备（体育场馆等）
	社会保障与公共管理设施、设备（福利院等）
	其他公共服务设施、设备
农业	畜禽圈舍养殖场
	农村基本社会服务
二、三产业	大型商场和超市、城市综合体
	二、三产业企业
	工业园区
周围高危设施	加油站
	液化气站
	废弃物储存仓库
	其他高危设施

（二）社区基础地理信息

社区基础地理信息包括社区的行政单元、建筑物轮廓、道路、基础设施（包括交通设施、医疗卫生设施、能源设施、通信设施等）等信息。

（三）应急避险信息

应急避险信息包括应急避难场所、紧急疏散路线、减灾救灾资源、紧急情况联络人等信息，其中应急避难场所包括公园、广场、公共绿地、体育场（体育馆）、学校操场、公共建筑（如影剧院、社会旅馆、救助站、度假村、人防汽车库等）等区域，紧急疏散路线为前往应急避难场所的推荐路线，减灾救灾资源包括防灾工程、社区居委会、消防站、医院、公安派出所、自动体外除颤器（AED）等。

（四）说明信息

说明信息包括图名、图例、比例尺、指北针、制作单位、制作时间等信息。

三、制图流程

社区灾害风险地图制图流程如图 4–7 所示。

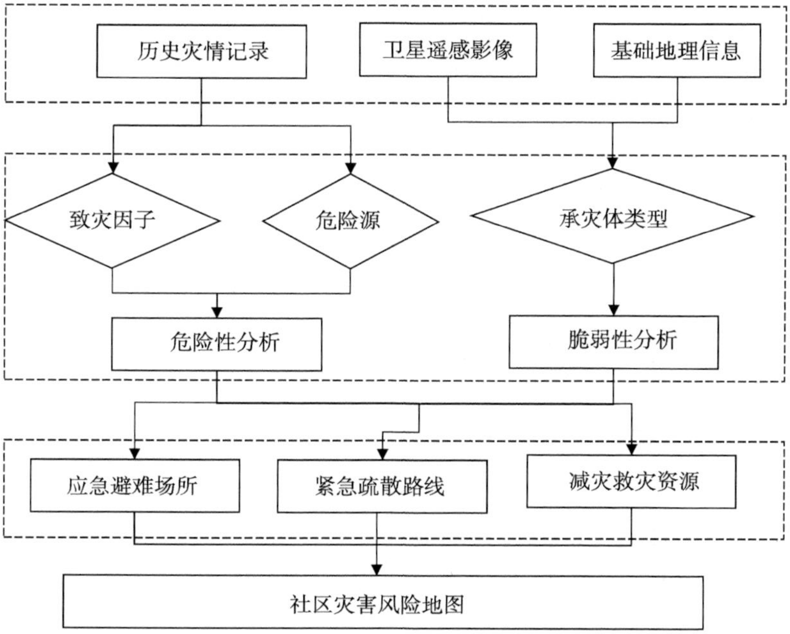

图 4–7　社区灾害风险地图制图流程

（一）前期基础地图准备

收集社区历史自然灾害、人为事故等灾情记录，获取社区卫星遥感影像或基础地理信息底图，对社区建筑物、道路、水系、草地、林地等基本要素进行解译和矢量化，在底图上对社区主要承灾体进行单独勾绘。

（二）现场调查与信息采集

实地走访了解社区基本情况，关注灾害重点区域。在社区基础底图上采用标准的符号或图标样式标绘出社区基本信息、致灾因子、危险源、承灾体，应急避难场所（临时安置区）及紧急疏散（逃生）路线，社区减灾救灾资源和防御措施等信息。必要时，以抽样的方式向社区居民、设施管理者发放信息采集表，并指导他们填写完整。

（三）灾害风险评估

基于社区历史灾情信息、现场调查和访谈信息，辨识社区主要的致灾因子、危险源和承灾体类型，评估致灾因子和危险源的危险性等级，评估房屋、基础设施等承灾体的脆弱性等级，确定危险区域的地理位置和脆弱性区域的空间范围。

（四）灾害风险地图制作

通过数据分析整理，导入绘图软件进行编辑、整理和输出，完成社区灾害风险地图的绘制。

四、制图要求

（一）内容要求

社区灾害风险地图应标注社区内各种致灾因子、危险源类型和危险性等级及分布，承灾体类型、承灾体脆弱性等级和脆弱性区域及分布，标注应急避难场所位置、等级以及紧急疏散路线，减灾防御措施与应急救援救助资源等信息。

（二）图标要求

危险源、脆弱性区域以及应急管理救援的资源设施和设备等信息要求使用规范化的图标，通过不同的图形结合文字，区别该点 / 区域的类型，使用颜色来区分等级的高低。图标示例见表 4–4。

表 4-4　图标示例

致灾因子、危险源图标示例表			
致灾因子 危险源	等级		
	高	中	低
洪涝灾害	涝	涝	涝
地面塌陷灾害	塌	塌	塌
交通事故	交	交	交
传染病疫情	疫	疫	疫
加油站	油	油	油
高压线	线	线	线
施工工地	工	工	工
河道	河	河	河
脆弱性区域示意图			
脆弱性区域	等级		
	高	中	低
老旧房屋区域	老房	老房	老房
积水区域 / 路段	积水	积水	积水
市场	市场	市场	市场
其他图标实例			
重要设施和区域（如水利工程、地质灾害防护工程、森林和草原防护工程等）		社区居民委员会（村民委员会）	
灭火设备		敬老院	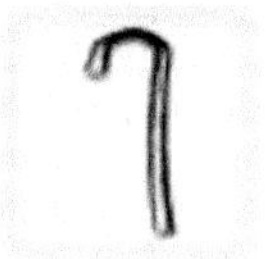

续表

其他图标实例			
医疗点		应急避难场所	
公安派出所		AED （自动体外除颤器）	

第五节　社区安全风险应对策略及实施

一、社区安全风险管理问题解析

目前，社区安全风险管理工作中的一些突出问题也已暴露。总的来看，有以下几个方面。

（一）风险管理意识淡薄，风险评估理念缺失

从现状来看，社区内的风险管理意识普及率普遍偏低，风险评估理念没有深入社区，社区居委会或村委会的工作人员有的并不认为风险管理是一项应该积极开展的工作，更多地把其看作是一种管理负担、一项政治任务。因此，这种消极被动的风险管理意识，导致社区的风险评估工作和日常管理工作脱节，缺少针对本社区内部的风险识别分析和脆弱性分析以及相关隐患排查和预警机制不健全，社区应急预案的可操作性不强，再加上其信息报告的应急管理机制也不完善，根本无法切实把风险管理“关口前移”，最终导致社区无法有效应对突发事件。

（二）风险评估缺少顶层设计，应急准备工作不到位

很多社区的安全风险评估缺少顶层设计，应急准备工作不到位。长期以来，由于人们对事前预防理念认识不到位，在我国安全管理领域，应急管理

工作通常被视为事后处置，且仅把风险评估当作一种应急管理的手段，没有对社区安全风险评估从战略高度上进行统一谋划和系统设计。长期以来，对社区安全风险开展研究的组织机构也不多。因此，相比于自然灾害风险评估，社区安全风险评估在理论、方法、模型、评估程序等方面没有形成太多标准化、规范化的文件，仅有一些法律条文和政府发布的工作指导类规章制度作为参考。同时，缺乏专业人才也是一个比较现实的问题。我国社区安全风险评估多为内部评估，评估主体是社区管理人员，但是，社区的自身力量无法胜任风险评估工作的开展，从事社区风险评估的人员并不具备专业知识和背景，很多情况下他们是临时抽调的，对风险评估流程不熟、业务不精，且其参加的培训中很少涉及风险评估工作，即使有相关培训，培训方式也单一，培训内容很少涉及评估理论依据，仅讲解评估如何操作、风险等级分级如何划定等技术问题，导致培训效果不理想，受培训者对风险评估的内在逻辑与学理基础知识缺乏了解。在实际操作中，这种情况往往导致风险评估的盲目性和不科学性。同时，这种内部评估模式具有非公开性、非透明性、封闭性的特点，自我监督约束力度有限，容易陷入评估过程形式化、评估目标偏离化等情况。

（三）风险评估主体单一，落实“政府主导、专业评估、公众参与”原则不严

社区安全风险评估的责任主体是所有对社区安全负有评估、管理、治理与服务职责的各种组织及相关责任人员。明确社区内相关部门与人员的职责，有助于社区安全风险评估工作的有效落实。但长期以来社区群众的参与度不高，风险意识淡薄，甚至出现了评估决策者与实施者合二为一的现象。通常情况下，社区安全风险评估工作被动式地由外力推动，评估工作领导小组、应急管理部门、相关职能部门和基层政府在社区安全风险评估中起主导作用。这些主导方既要提出召开评估会议，也要召集其他相关方参与风险评估过程。在这个过程中，作为主导方的政府拥有“裁判员”和“运动员”双重的身份，在评估工作中，难免会渗透自己的意见，进而影响评估的客观性，导致尽管专业机构和团队参与其中，评估工作也难以保持独立和客观。开展社区安全风险评估一般是由政府牵头，组织召集相关专家、专业技术人员组成评估团，这些成员大多来自体制内，有些可能是政府通过购买服务引入的专业评估机

构，他们的经费可能主要来自政府部门，在评估工作中，他们主要参考和利用相关部门或各个社区进行安全风险评估的结果，仅对存在空白或模糊的风险领域和区域开展调研和评估。社区群众在风险评估过程中的参与度不够，公众对评估结果的影响力极为有限。

（四）评估方法运用的局限性

运用科学的方法和工具对风险进行评估，可以帮助社区更好地认识风险，从而制定出有效的风险应对策略。《风险管理　风险评估技术》（GB/T 27921—2023）中列出了多种风险评估技术，有定性的、定量的、半定量的，也有技术的组合。就社区安全风险评估而言，风险评估技术主要以宏观定性为主要方法，其中有风险矩阵法、比较分析法、专家打分法。专家打分法的依据就是专家的主观判断，这种方法易导致风险判断产生偏移和误差，这是因为专家的判断受他们的专业背景、工作经验和对研究领域的关注程度的影响。风险矩阵法是一种半定量的分析方法，虽然其对风险因素发生的概率和影响程度进行了量化评分，但对事件发生的可能性和影响因素的分级，缺乏量化指标，仍属于经验性的判断。与定量分析相比，定性、半定量的分析方法简单易操作，但评估结果的精确度不够。随着学术研究的进一步深化，单一的理论评估方法的缺点也渐渐暴露出来，并且很难靠理论本身来弥补，因此单一的评估方法的缺陷一直存在。例如，检查表法是事故隐患排查的常用方法，这种方法对物的不安全状态和环境的不安全因素排查很有效，但对人的不安全行为往往效果不好，对人背后的原因更是无能为力。再如，利用事件树分析等技术来预测可能性，需要历史数据，而因为职能部门数据搜集有限、数据的可获得性有限等问题，大多数数据往往仅能反映该区域的事故和伤害情况。再加上统计口径不同或其他相关要求的限制，即使相同领域的事故和伤害却并未纳入职能部门的统计范畴。再如，问卷调查法只能针对特定的问题开展抽样调查，不可能全面和完全真实地反映辖区所有问题。因此，结合各种理论方法以减少运用单一理论进行风险评估时带来的误差，成为风险评估方法研究的新方向，要尽可能地综合运用多种方法开展安全风险诊断来查找问题及其成因。

（五）没有建立统一的风险评估指标体系

在以往社区安全风险评估中，主要存在风险识别方法、技术路线不统一等问题，这主要源于社区安全风险的不确定性和复杂性，导致社区在进行安全评估时指标选取及权衡难度大，统一的风险评估指标体系更是无从谈起。因此，大多数社区安全风险评估结果存在预测性不佳、精度差、没有权威性的问题。另外，许多社区防灾减灾缺乏技术支撑，一些社区缺乏社区减灾规划。虽然也有社区编制了减灾应急预案，但是，由于缺乏防灾减灾技术的支撑，这些预案中缺少对易发灾害点、危旧房的分布、地质灾害监控点、物资储备和避险场所的具体位置、紧急转移路线、报警方式等信息的规定和要求，使预案成了“挂在墙上”的制度，操作性不强。很多社区缺乏简单实用的救灾应急工具，社区风险评估图和救灾资源分布图更是缺乏。尽管一些社区开展应急演练，且积极性很高，但是他们对应急演练的基本原则和方法缺乏深入的认识，在查找问题、脚本设计、组织实施和应急改进方面难以落到实处。

（六）风险评估仍需不断改进

风险评估作为一种风险管理手段，不仅仅是发现风险，更要建立机制，通过制定适宜的决策和措施来有效化解风险、控制风险。目前，社区安全风险评估仍存在不足，如在评估工作中，相关牵头部门在落实防范、风险化解或处置过程存在人员职责不清的问题，难以有效促进评估后的防范化解、动态跟踪等工作落实。而风险评估是应急预案编制的基础和依据，但在实际工作中，应急预案的修订和演练却没有按照风险评估的结果来实行，对风险评估的结果存在分析不够、开发利用不足的问题，致使评估的功能作用难以发挥。同时，在对社区进行风险评估后，忽视风险的变化情况，甚至一些重大风险源都没有纳入新的评估范围。

由于社区内外部环境每年都在变化，因此，社区安全风险也不是一成不变的，原有的风险可能会消失，新的风险也不断出现。因此，在实际评估工作中，要根植实际情形不断修订更新，不可一评了之。很多社区缺乏风险动态变化的理念，在工作中往往一评了之，忽视对新出现风险的动态监测和跟踪。

二、社区安全风险应对策略

（一）风险规避

风险规避是一种有意回避某种风险的行为策略，它从根本上放弃了使用风险资源和预防技术，在使用这种策略时，要对系统存在的风险有充分的认识。常见的风险规避的方法可以分为：放弃或者终止某项活动；整体改变活动的性质。这种策略也有其局限性，主要表现在：有些风险（如地震、台风等）根本无法回避；在规避风险的同时也就意味着放弃解决该风险带来的收益；规避风险也可能会衍生出新的风险。风险规避策略主要适用于以下场景：风险应对措施成本远远高于解决风险的实际收益；风险的损失概率和程度都比较大；风险发生后后果比较严重且难以恢复。

（二）风险损失降低

风险损失降低策略的通常做法是风险预防和风险分散。风险预防即降低风险的发生频率；风险分散则指降低风险的致险程度。在实际工作中，一种方法可能具有两种效果，既可以降低风险发生频率又可以降低风险致险程度。选择何种风险应对方法，需要我们进行成本核算，尽可能用最小的风险成本达到最大限度的风险损失降低。

1. 风险预防

风险预防是一种事前预防的理念，通常通过改变风险因素或其环境，或风险因素与其所处环境的相互作用来实现。

2. 风险分散

风险分散是一种事后补救措施，它指发生风险后，通过采取补救措施，以减少损失，而这些补救措施大多事前经过精心设计，如事后的抢救、应急预案等都是风险分散的主要途径。

三、社区安全风险应对措施

（一）风险源因素风险应对措施

风险源是风险事件的起因，我们首先应该重视风险源的识别和评估工作，建立社区安全风险源的监测和预警系统。及时准确地识别风险源，有助于采取相应的措施规避和消灭风险。风险源因素包含自然灾害、事故灾难、公共卫生、社会安全四个重要风险因素，其中自然灾害的主要风险是暴雨、地面下沉；事故灾难的主要风险是火灾事故、燃气事故、坠落事故；公共卫生的主要风险是传染病事件、群体性不明疾病；社会安全的主要风险是高空抛物、恐怖事件。针对自然灾害因素风险主要采取的控制措施为：开展灾害前期的监测预报工作；重视编制灾害应对预案并进行演练；开展灾害知识宣传教育工作；开展灾害应急物资的储备工作。针对事故灾难因素风险主要采取的控制措施为：建立心理咨询室定期开展心理疏导工作；加强安全知识教育，增强居民安全意识；定期开展居民电气管线巡查；开展消防知识宣讲，普及灭火方法。针对公共卫生因素风险主要采取的控制措施为：重视群体性疾病的监测和报告工作；设立基层卫生员岗位和隔离室；定期开展健康教育活动和区域消毒工作。针对社会安全因素风险主要采取的控制措施为：开展宣传工作，提高居民公共安全意识；编制相关的工作预案和处理措施。

（二）承灾体脆弱性因素风险应对措施

风险源和暴露度是风险外在表现，风险最终还是将作用于承灾体。承灾体的脆弱性直接关系着社区的安全，应该从社区自身的角度出发提高承灾体的抵抗能力和恢复能力，使承灾体足够坚强，能够在灾害来临时不足以产生影响或者将影响降到最低点。并且进一步提高承灾体的恢复能力，使其在灾害损伤后能够及时、有效、迅速地恢复到原始水平。

承灾体的脆弱性因素包含物理脆弱性、经济脆弱性、环境脆弱性三个重要风险因素。其中物理脆弱性因素中的主要风险是地下管线脆弱性、配套消防系统脆弱性、排水系统脆弱性；经济脆弱性因素中的主要风险是居民受教育程度；环境脆弱性因素中的主要风险是消防响应能力、医疗响应能力。针对物理脆弱性因素风险主要采取的控制措施为：定期进行管线的巡查和清理；定期巡查消防通道和设施情况；将社区排水系统的运维工作外包给其他公司。针对经济脆弱性因素风险主要采取的控制措施为：定期开展科普活动，提高居民的整体素质和知识水平。针对环境脆弱性因素风险主要采取的控制措施为：建立社区基层消防站；建立社区基层卫生服务站。

（三）风险转移

风险转移是指通过相关合同或转让协议，将风险后果的法律责任转让给他人或其他组织。主要转移方式如下：

（1）出售。即将具有风险的相关财物出让给其他方，以达到将风险附带转移出去的目的。

（2）分包。即将具有风险的工作或者工程转移给其他方，这时风险并没有减少或消失，它依旧存在，只是接收方发生了变化。因此，使用该方式的前提是接收转移的这方具有处理该项风险的能力。

（3）签订免责协议。即将具有风险的相关财物或工作中的风险责任部分转移出去，这种方法并不适用所有的场景。

（四）暴露度因素风险应对措施

即使脆弱性相同，依据暴露度的高低，社区安全风险大小也可能不同。因此，在社区安全管理中，不仅要考虑风险特性，还应将降低暴露度考虑到预案的整体编制过程。而暴露度因素中，风险监测与识别和政府的应急投入是其最主要的风险因素。其风险因素控制措施主要有：拓宽社会组织和提升居民参与社区应急建设能力的渠道，建立社区风险监测与预警系统。

表 4–5　社区安全风险应对措施

风险类别	风险因素	应对方法	控制措施
自然灾害	气象灾害	风险预防 风险分散	① 加强预测预警 ② 制定和完善应急预案 ③ 开展宣传教育和演练
	地质灾害		
事故灾难	火灾等事故	风险分散	① 制定预案和处理措施 ② 加强宣传教育和演练
公共卫生	传染病事件	风险预防 风险分散	① 重视群体性疾病的监测和报告工作 ② 设立基层卫生员岗位和隔离室 ③ 定期开展健康教育活动和区域消毒工作
	群体性不明疾病		
社会安全	高空抛物	风险预防 风险分散	① 开展宣传，提高居民公共安全意识 ② 编制相关的工作预案和处理措施
	恐怖事件		

续表

风险类别	风险因素	应对方法	控制措施
物理脆弱性	地下管线脆弱性	风险预防 风险分散 风险转移	① 定期进行管线的巡查和清理 ② 定期巡查消防通道和设施情况 ③ 将社区排水系统的运维工作外包给其他公司
	消防系统脆弱性		
	排水系统脆弱性		
经济脆弱性	居民受教育程度	风险预防	定期开展科普活动，提高居民的整体素质
环境脆弱性	消防响应能力	风险分散	① 建立社区基层消防站 ② 建立社区基层卫生服务站
	医疗响应能力		
暴露度	政府的应急投入	风险分散 风险转移	① 拓宽社会组织和居民参与社区应急建设的渠道 ② 建立社区风险监测与预警系统
	风险监测与识别		

第五章　社区应急管理

第一节　社区应急管理概述

应急一般是指针对突发、具有破坏力的事件采取的预防、响应和恢复的活动与计划。应急管理的对象是突发性以及后果与影响严重的公共安全事故、灾害与事件。这些事故、灾害与事件具有突发性、复杂性、不确定性、后果易变性、激化与放大性等特点，它们构成一个复杂的系统。

社区作为基层社会治理的最基本单元，常常遭受各类突发事件的冲击或不确定性因素的影响，这些突发事件往往直接作用于社区，影响较大。因此，抓好社区的安全管理最可行的做法就是做好社区的应急管理工作，控制好危险源，提前采取有效的预防措施或化解措施，这对社区的安全稳定意义重大。对可能发生的突发事件，社区应编制切实可行的应急预案，采取预防措施和落实具体的响应措施，加强应急预案的演练，确保应急预案的培训，从而消除或减少事故的发生或减少人员伤害、财产损失或对环境的破坏。社区应急管理中最重要的是基础准备，即突发事件的识别和预防、应急准备和物资准备、应急队伍建设、群众的宣传与教育、社区成员自救互救技能培训，等等。

一、社区应急管理存在的主要问题

目前，从总体上看，在社区应急建设过程中，很多社区基本初步建立了社区应急管理组织机构、社区隐患排查机制、社区志愿者队伍、应急演练制度等，编制了主要的社区应急预案，但仍存在诸多缺陷。例如，社区民众自救互救能力较低，部分居民在灾害面前束手无策；有些社区安防措施不到位，安全基础差；在社区安全管理中存在“头痛医头，脚痛医脚”的被动应急现象，未形成“条块结合”的现代应急管理模式。尤其是在应对社区突发事件上还存在一些薄弱环节和不足。

（一）社区应急管理机构不健全

这主要体现在，目前我国农村、社区等基层应急管理组织不完善，很大程度影响了基层应急管理工作的有效开展。有些社区应急组织指挥体系虽较为健全，但其职能存在欠缺，在发生突发事件时，社区的组织功能和优势难以发挥和体现，应对活动常常限于忙乱或无效的状态，而社区居民势单力薄，在突发事件面前通常孤立无援。许多社区应对突发公共事件的责任没有落到实处，一旦遇到突发公共事件，往往先期处置不及时、不到位，容易造成重大人员伤亡和经济损失。

（二）预防性基础工作不扎实

社区应急管理中重应对、轻预防的现象普遍存在，也有很多社区仍未编制应急预案，或预案浮于表面、缺乏演练，灾后很难在短时间之内实现高效率应对处置。同时有学者发现，大多数社区应急预案存在条例内容相似重复的问题，且这些条例在现实中无法实施的比例高达 80%，导致预案在实际运行中操作空间不大，甚至完全无法实施。

在预案体系中，总体预案是整个应急预案的总纲领，这导致应急预案体系形成“自上而下”的建设过程，不同级别的预案“上下一样宽”，如市级预案和社区预案。因此，一旦遭遇突发事件，社区只能被动地匆忙应对，在这种情况下，应急指挥多靠经验，遇事靠判断，最终致使效果不理想，不但浪费了人力物力，对事故后果也控制不力。也有学者经调查发现，部分社区虽编制了预案，但未进行预案演练或演练不足。某些社区尽管进行了定期演练，从效果看，与演练的初衷大相径庭，很多参演单位演练方法千篇一律，常见的演练就是火灾的演练，而针对其他风险类型的演练较少，且在演练过程中，有些单位仅仅是“演”，走秀状态明显。

（三）应急管理水平有待提高

我国基层应急工作模式还是一种经验管理模式，仅停留在临时应急，各单位相互协调配合和自救互救能力有待提升，部分存在指挥调度不顺畅、分级响应不及时等问题，应急处置、协调联动、资源调度的综合能力仍然较弱。

在应急管理中，大部分社区未能积极发动群众，没有根据民众的特长，使其参与各种灾害救治，社区志愿者建设缺乏行动纲领。遭遇突发事件时，特别在各种灾害初期，社区根本无法及时组织足够力量来应对灾害，从而造成不必要的损失。再加上，在日常工作中，社区工作内容单一，与居民联系较少，居民对社区依赖感不强，未能形成社区的凝聚力。也有社区工作人员对社区基本情况摸底不清，对民众状态、健康的状况知之甚少，民众对社区的信任度不高，这些都不利于社区调动群众的积极性，以致在突发事件发生时更是无能为力。

（四）预案修订不及时

根据应急管理的要求，预案也要及时修订，但社区在预案修订过程中往往只对人员进行了变动或仅仅改动了社区名称。应急预案形同虚设，这直接导致社区在面临突发情况时，无法按照预案实施应急救援。再加上，随着科技进步，社会也在急剧变革，社区面临的各种不确定风险加剧。比如新冠肺炎，因传染性、变异性存在很大的不可控性。

（五）应急资源储备不足

基层应急基础设施缺乏统一建设规范和标准，设施配备参差不齐，存在布局不合理、功能分区不科学甚至缺失或老化无法使用的现象。

（六）居民群众对安全常识和应急知识了解不够

社区民众缺乏防火防灾相关知识，对常见风险的常识了解不深，健康防护知识缺乏，在出现突发事件后往往不知所措，贻误自救、互救和逃生的最佳时机，致使出现不必要的财产损失，甚至生命损失。

社区应急管理建设不同于各级政府的应急管理建设，其拥有的资源十分有限，所承担的应急负担却十分沉重。

我国社区建设提出的时间不长，社区建设观念和管理滞后的问题尚比较明显。传统的政府主导型的应急管理模式在社区实践中，往往存在着政策效力递减、协调困难等诸多问题，同时存在着重层级管理轻横向协调、重事件处置轻危机预警等弊端。因此，加强社区应急管理建设必须将其与社区治理有机结合，注重从被动应对突发事件转变为主动积极地预防和控制风险，建立一个政府、社区自治组织、社区居民、企业等多主体参与的开放的、互补的治理网络，充分发挥各主体的资源优势，从治理层面减少公共危机，积极主动应对危机，减少灾害损失。

二、社区应急管理的重要意义

加强社区应急管理，对提升社区预防、第一时间处理各类突发事件的能力，提高公众参与和自救能力等有着重要的现实意义。这主要体现在以下几个方面。

社区是社会基层预防、发现和处置突发公共事件的第一现场，社区民众既是各种突发事件的最直接受害者，也是突发事件处理处置的重要力量。做好安全社区的建设，应充分调动和发挥社区广大民众参与伤害预防和应急管理的主动性和创造性，建立健全社区危险源辨识和隐患排查，实时或定期地监测监控，信息及报送的预测预警机制。在处理各类突发事件中，通过早发现、早预防、早报告、早排除、早化解、早处置，迅速反应、积极主动。通过发动群众，群策群力，再加上监测监控手段，及时发现和消除事故隐患，才能最大限度地防患于未然。广泛宣传，加强沟通，民众自救互救，社区整合力量，组织协调，才能实现积极的应急处置，使救援和秩序井然有序。

社区作为最基层的地域组织，在应急管理中扮演着非常重要的角色，承担着在事故发生的第一时间，组织协调社区居民自救、互救与共救，保护人民群众生命、财产和社区的生命线乃至基础设施安全、有效减轻灾难破坏性影响等功能。社区应急管理是联结政府应急管理与家庭、个人事故应急管理的纽带，其在整个灾难应对过程中，起着十分重要的作用。

三、安全社区建设在社区应急管理中的作用

安全社区需要社区里的企事业单位、志愿者、个人和有关机构共同参与事故灾害的预测预防和安全检查、促进等工作，通过一系列的组织、制度和程序，持续不断地改进社区的安全环境。安全社区的建设过程中公众的积极参与是最重要的，因此要通过政治、文化和社会的引导让更多的人积极主动参与安全社区的建设，从而实现安全保障的目标。安全社区的建设还要加强对各种伤害事故的预防和检查工作，预防和检查的人员要熟悉各种环境的致灾因子和预防措施，不断去改进和减少致灾因子，形成持续改进的预防机制。

安全社区通过社区对各类事故的预测预防，提高社区对各类事故的风险防范能力和应急响应速度，强化社区安全防范功能，体现了先进的事故预测预防、安全管理和社区安全建设的理念。通过整合社区里的各种资源，开展安全宣传教育、安全专题培训等安全促进活动，大力推广安全科技文化知识，提高社区人员的安全知识文化水平和应急响应能力。大量实践证明，通过开展安全社区的建设，可以提升社区对各类事故的防范能力、应急响应能力和服务水平。安全社区的建设可以增强社会的应急管理能力，有助于全面建设小康社会、构建和谐的社会环境。我国部分省市开展了安全社区的建设实践，实践结果表明，安全社区建设是有效提升社区应急管理能力和服务水平的途径。

首先，社区是整个社会安全风险治理最重要的组成部分，社区的安全风险治理是社会安全风险体系的基础环节，社区的应急管理能力和风险防范效果直接影响着社会整体风险防范能力和治理水平。

其次，安全社区建设可以让社区把安全基础工作做扎实，从而提高社区内居民的安全意识和应急响应能力。大部分试点社区都从社区的实际情况着手，针对社区的危险源开展预测预防工作，有效地预防了灾害事故的发生。部分试点社区还建立了安全社区网站，完善了人口综合信息数据库、市政设施数据库和社会单位综合信息数据库等资料，有利于社区安全诊断和开展危险源辨识、评估和分析，从而形成每日检查通报、每周汇总评价、每月分析报告和重大危险源随时通报分析的制度。这些试点社区通过安全社区网站及时发布地区环境监测、交通事故、自然灾害等信息，让社区居民做好各类事故的安全风险防范工作，这样不仅增强了社区居民安全教育宣传工作的针对性，而且让居民的知情权得到了有效保障。在安全社区建设中，社区工作人员要对社区突出的安全问题进行汇总分析，对事故伤害类别有针对性地制订防范计划。社区还要规范交通、消防、家居和应急救援等安全培训基地的建设，也可以和学校、企业、机构或消防队、公安部门等联合建设安全培训基地，联合开展社区安全教育和培训活动。社区要特别重视儿童的安全教育培训，通过开展丰富多彩的安全教育活动，让儿童树立安全意识，具备基本的安全知识和技能，在面对各种灾害事故时能够及时、准确地应对。同时，儿童参加活动，一般会有家长陪同，家长等陪同人员的安全意识和应对突发事件的能力也会随之增强，这样有利于营造良好的安全社区建设氛围，提高社区居民整体的安全意识、自救互救能力和事故防范能力。

再次，有利于制订和落实重大风险源的预防计划。安全社区建设通过对社区内事故类型的统计，分析出常见的事故类型，通过对危险源进行辨识和评估，针对社区内突出的安全问题和事故伤害类型，制订防治计划并确保落到实处。比如在安全社区建设中，针对很多社区居民关心的电动车交通安全问题，社区可将改善交通计划列入事故伤害预防工作中，通过完善硬件设施，划分专门的电动车道，改造步行道等，创造更安全的社区环境。针对儿童交通安全问题，可制订并落实儿童交通安全教育计划，教导他们遵守交通规则。根据灾害发生的季节性等特点，可制订全年培训计划并定期开展培训讲座，加强对居民的宣传教育。

最后，有利于促进应急管理工作向预防为主、综合管理转变。在过去的安全社区建设工作中，很多社区按照我国安全社区标准要求，积极开展各类事故伤害的预防工作，不断完善和整合安防资源，建立了一体式的社区突发事件应急指挥中心，从而便利了社区风险信息采集、监测监控、应急救援等。社区安全标准建设，加快了社区安全工作方式转变，使社区安全管理不再局限于过去的管物和管事，而更加关注人的安全健康，关注如何进一步提高居民的生活幸福指数等方面。同时，社区安全化建设促进了社区与相关政府部门的对接，促进了“条专到底、块统到位、条块结合”的社区管理体制建设，加快了社区安全由专业安全监管为主向综合统一管理为主转变，为政府各部门在社区层面开展各项工作搭建了一个新的平台，社区安全长效机制和应急联动机制得到进一步完善。

第二节　社区应急管理的内容

一、社区应急管理程序

虽然突发事件具有偶然性和突发性的特征，但是应急管理不应局限在事后的应急处置和救援。应急管理应充分体现“预防为主，常备不懈”的思想，对突发事件进行事前、事中、事后的全过程管理。因此，应急管理是一个动态的过程，具体包括预防措施的制定、应急预案的编制、应急处置和演练等方面。就其具体过程而言，大体可以分为应急预防、应急准备、应急响应和灾后恢复四个阶段，这四个阶段不是割裂的，它们往往存在交叉，且后一个阶段建立在前一个阶段之上，互相联系，构成了应急管理的闭环。

（一）应急预防

应急管理重在预防，应急预防包含两层含义：一是事前的预防，即在突发事件发生前，尽可能地通过各种手段防止突发事件发生，夯实安全基础，实现本质安全。二是预防突发事件带来的后果和影响，即通过预先采取预防措施，减轻突发事件带来的后果和影响。

（二）应急准备

思则有备，有备无患。应急准备作为应急管理程序的重要一环，其目的是保持突发事件应急所需的应急能力。应急准备指针对可能发生的突发事件，通过强化应急准备和救援，为有力处置风险所做的各种准备。包括做好预案准备、做好机制准备、做好应急救援力量准备和做好装备物资准备。在预案准备中，要注意预案的实用性等问题，要做好与本社区风险和救援力量的衔接。在组织机构方面，要强化指挥部的统一领导，明确指挥部人员的岗位职责和具体任务，注重专业指挥人才培养和专业团队建设。在物资方面，要强化急需物资储备，确保应急保障能力。

（三）应急响应

应急响应，指在任何紧急情况下采取的迅速反应。作为应急管理的要素之一，应急响应旨在保护生命和财产安全、保障环境和事件稳定，其中保护人身安全是重中之重。成功的应急响应是良好应急管理计划的产物，具体包括报警、人员紧急疏散、消防和工程抢险、信息收集与应急决策、急救与医疗、外部救援等。

在社区应急管理中，应急救援是应急响应实施的极其重要的环节，其目的是尽可能降低突发事件的影响后果和范围，即尽量减少人员伤亡、财产损失等。社区应急救援的基本任务如下：

一是受灾人员的营救和疏散。本着生命至上的原则，在灾害面前应立即组织营救受灾人员或采取措施保护受灾区域的人员或组织被困人员的安全撤离。在对受灾人员救助的同时，救援人员自身也要做好防护，按指定的路线，做好群众的撤离工作。必要时应迅速撤离危险区域或受危害区域，但在撤离中，应继续组织群众自救和互救。

二是迅速控制事态的发展，且应查明危害的性质并监测危险区域风险的大小和扩散程度。

三是消除危害后果，尽快使系统功能恢复或者部分恢复。

四是查清原因，评估危害程度。及时对突发事件的发生原因和性质进行调查，做好原因分析，并对事故后果进行评估，查明人员具体伤亡情况等，并总结此次应急救援工作的不足，吸取经验教训。

（四）灾后恢复

灾后恢复指突发事件得到初步控制后，积极做好各种善后工作，使灾害区域生产生活等尽快恢复到正常状态。突发事件得到初步控制后，恢复工作应立即进行。恢复工作既要立足眼前，又要着眼长远。短期恢复既要帮受灾群众渡过难关，也要进行突发事件损失评估、原因调查、清理废墟等。长期恢复包括受影响区域重建或重新规划、经济复原、受灾居民的心理康复等。在此过程中，应当吸取经验教训，进一步做好风险预防工作。总体而言，恢复是支持受突发事件影响的个人和社区重建有形基础设施，恢复在心理上、社会上和物质上安康的措施。

二、社区应急管理的工作原则

社区应急管理工作应坚持的原则有：

（1）坚持“以人为本”“资源整合”的原则。始终把广大人民群众的利益放在第一位，在灾害面前，始终坚持以居民的生命安全为先，在此基础上，最大限度地减少居民的财产损失。

（2）坚持预防为主与应急相结合的原则。在社区安全管理工作中，应把突发事件的应急工作落实到日常的管理中。

（3）坚持“专业指导”的原则。由于社区工作人员自身的局限性，其在安全检查、隐患排查、预测预警和前期处置等工作中，应坚持专业部门和专业人员的指导。

（4）坚持“群防群控”、“自救互救”和“第一响应者”的原则。社区突发事件应急处置应以专业处置为主，但也要充分发挥社区组织熟悉本社区情况和志愿者队伍拥有良好的群众基础的优势。

三、社区应急管理的体系建设

各社区应积极推动应急管理全面融入基层社会治理“一张网”，推动“大安全、大应急、大减灾”现代社区应急管理体系建设。

（一）社区应急预案

社区应急预案是针对本社区可能发生的突发事件，从预防、准备、响应和恢复全过程而编制的指导性文件，包括综合应急预案、专项应急预案和现场处置方案。它不仅是社区应急管理体系的重要组成部分，而且可以指导应急行动有序进行。针对本社区不同的突发事件编制的有效预案，在应急人员的日常培训和演练中起着重要的指导作用，也可以促使各种应急资源处于良好的状态。

作为应对各类事故的综合性文件，综合应急预案主要从总体上阐述事故应急政策和方针、应急组织、应急行动、应急措施和保障等的基本要求和程序，是应急体系的总纲。

专项应急预案是综合应急预案的组成部分，它强调专业性，主要针对具体事故类型（如火灾等事故）、具体危险源和应急措施，明确相应的专业指挥协调机构，编制的针对性的应急计划或应急方案。其编制过程应按照综合应急预案的要求和程序进行，制定明确的救援程序和具体的应急救援措施。

现场处置方案更加具体，它体现自救互救和先期处置的特点。社区工作人员对通过风险评估、识别出的具体风险，应一一制定现场处置措施，并编制现场处置方案。因此，现场处置方案具有针对性强、具体性强的特点。对于事故相关人员，应熟悉掌握，并做到应知应会。经过应急演练，面对事故灾难，相关人员应做到迅速反应、正确处置。

社区应急预案应形成体系，注意衔接，并明确应急过程中相关部门和有关人员的职责。

（二）社区应急管理的组织体系

社区应急管理组织体系是应急管理机构的构成，包括地方政府、社区、企事业单位、专业部门和志愿者组织等主体。在社区应急管理体系中应明确各主体的职责并理顺他们之间的关系。

作为基层应急管理的核心，地方政府应充分发挥其在应急中的组织作用，做好应急值守、执行良好的信息传达、积极与专业部门配合、指导志愿者组织等。社区应在地方政府和专业部门的指导下落实应急工作，在日常工作中，对社区民众进行安全教育，做好社会动员工作，增强社区民众安全意识，提高社区民众自救互救能力。企事业单位应对自身范围内的应急管理负责，及时有效地做好与地方政府和社区的联络沟通，同时也要及时与专业部门对接。专业部门的职责是对基层社区和企事业单位提供专业的指导服务，在突发事件的应急响应中，做好专业处置工作。地方政府和社区应确定辖区内应急工作领导小组的构成和职责、日常办事机构和专兼职工作人员的组成等。

应急职责的确定应按照“谁主管、谁负责”的原则，应急职责的设定应在其原有工作职责中增加相应的应急职责，如生产经营单位的法定代表人和实际控制人同为安全生产的第一责任人，其在应急管理中应作为本单位应急管理组织的组长。除此之外，应急工作应和绩效考核相联系，这对于提高应急响应效率和减少损失具有重要意义。

（三）社区应急管理信息系统

社区应急管理信息系统在及时发现风险、监测控制风险以及突发事件的处理过程中起着重要的保障作用。通过内外衔接，社区应急管理信息系统可以提供完整的突发事件的信息和应对信息。

智慧应急管理信息系统是其发展方向，也是基层社会治理体系的重要组成部分。

利用应急管理信息系统，社区应急救援效率可大大提升。如社区建立志愿者资源信息库，翔实记录志愿者培训记录、参与经历等档案信息，在灾害发生时，可利用信息管理系统，触发社区应急专业抢救队的现场组建命令，尽快组织备案的人员组成专业抢救队，为受灾人群提供必要的安置信息。

利用应急管理信息平台，突出事件涉及相关方可以保持信息畅通。在接到应急信息后，地方政府或社区立刻通知专业部门，并即刻赶赴事发现场开展应急救援工作。专业部门在接到报警后应立刻出警，并随时与救援单位互通信息。在应急救援中，应时刻关注灾害的变化，并及时向受影响社区、单位和群众通告紧急信息。

社区应收集辖区内遭受风险的信息。这些信息是推断基本情况和损失规模的重要依据，也是外部社会组织救援的依据。在这些信息中，特别是社区危机信息（需要救助的被困者具体位置、受灾损失分布信息等）要及时准确，以免贻误救援或造成资源的浪费。

（四）社区应急保障系统

社区应急保障系统包含人力资源保障、物资保障、财力保障和法律保障。人力资源保障除了要按社区实际配置专兼职应急管理人员，还应不断加强志愿者队伍的建设，也要注意对特殊困难群体的保护。物资保障方面不仅要配备充分的应急物资并设置避难场所，还应组建必要的信息化技术支撑系统，如积累辖区公共安全基础数据、完善图形信息等。财力保障方面应根据相关法律要求制定应急资金提取办法。法律保障主要体现在开展应急工作的相关标准性和规范性文件，如社区安全隐患排查制度、社区消防安全管理制度、社区应急管理制度等。

（五）外部援助系统

社区治理资源的缺乏是一个结构性的问题，资源整合难也是社区治理面临的问题。因此，在社区应急管理工作中，需要政府、企事业单位、专业部门和志愿者组织等多方人员组成外部救助系统。社区获得外部援助系统的帮助，可以通过制定双方协议，确保后期合作秩序。

四、社区应急管理运行系统

（一）预测预警机制

预测预警是社区预防突发事件的重要措施，建设科学合理的预测预警机制是有效应对突发事件的重要保障。预测预警工作带有较强的专业性，而社区工作人员通常缺乏这方面的专业知识。因此，社区应借助专业机构的力量开展预测预警工作。在预测预警机制构建过程中，应坚持准确性、及时性、全面性的原则，解决条块分割、部门分割的问题，理顺预测预警机制的内外关系，建立分工合作的预测预警机制。社区突发公共事件的预测预警工作包括：在预防阶段涉及的定期隐患排查、重点部位看护和突发事件的统计分析工作；在准备阶段涉及的安全检查、隐患整改过程的安全工作；在响应阶段，要对突发事件后果进行分析和确定影响范围；在恢复阶段，主要是防止次生灾害的影响。

（二）应急响应机制

社区应急响应是指在面临紧急情况时，相关人员应在接到信息后，立即赶赴事发现场，启动预案，准备各种应急资源，采取措施以控制、消除或减轻事故危害。社区应根据具体情况，作出灵活处置。比如对于可控型常规应急事件，应立即处理处置；对于超出了社区管控能力的危机事件，社区应配合专业部门做好辅助处置工作。

（三）其他机制

社区应急救援工作还应遵从“先期处置”和“辅助处置”的原则。如果突发事件超出社区管控能力，应采取先期处置措施以防事态进一步扩大。同时，社区应发挥好社区自治组织和志愿者组织的社会动员能力，做好辅助处置工作，如现场保护、协助处置及善后处置等。

五、社区应急宣传教育和社会动员

我国社区应急管理工作离不开民众安全素养的提升和社会动员。在日常工作中，社区应根据辖区灾害特点和以往经验，把应急知识宣传教育和应急培训计划纳入日常安全工作中，结合不同的时间节点，开展不同的突发公共安全事件应急知识的宣传教育和社会动员工作。在工作中始终坚持预防与宣传教育、演练相结合的原则，根据辖区人口特征，进行宣传教育、动员社区民众，从而达到使居民了解本社区风险情况和面对灾害能作出正确响应的目的。

居民的安全意识也是提高社区应急能力的影响因素之一。由于缺乏有力的宣传和科普教育，居民的安全意识较差、素质不高，社区应当通过宣传与教育，向广大居民灌输灾害和风险意识，以增强居民的心理免疫能力，使其在事故骤然降临之际，不至于惊慌失措。只有具备了应急意识，提高了安全素质，人们才能积极配合社区管理部门制订的各种计划，主动承担起保卫社区安全的责任。

社区应以群众乐于接受的方式，采用丰富多样的宣传形式，如小品、视频等，宣传应急相关的法律法规、灾害预防、自救互救、避险减灾等常识。社区应根据实际情况，在其管辖区域有重点、有计划地组织相关预案的演练。并在演练的基础上，通过分析演练结果和辖区出现的新情况，定期及时修订应急预案。

第三节　社区应急预案的编制及要点

应急预案是针对可能发生的自然灾害、重大事故或环境公害等，预先编制的行动指南，有利于迅速、有序、有效地开展应急救援行动。

应急预案体系的建立，一方面是做好突发事件的处置工作，在突发事件发生时及时启动预案，使突发事件有效有序地得以控制；另一方面是做好预防工作，在日常工作中，根据预案相关的事故预防、应急准备等，提前做好防范和应对，做到居安思危，防微杜渐，及时化解风险，从而尽可能地避免突发事件的发生。当风险事故不可避免发生时，社区应根据预案，积极响应，尽最大努力减少人员伤亡和财产损失。因此，应急预案体系是否完善、应急预案的质量如何，对能否快速及时响应尤为重要，这也是应急管理工作的重点内容。

社区应急预案编制程序包括以下步骤，分别是成立应急预案编制工作组、资料收集、风险评估、应急资源调查、应急预案编制、桌面推演、应急预案评审和批准实施。

一、应急预案编制工作组

在预案编制工作中，社区应结合本单位职能和分工，按照“谁主管、谁负责”的原则，成立以社区有关负责人为组长，行政部、财务部、服务部等相关部门人员参加的应急预案编制工作组，预案编制工作组中应邀请相关消防、医疗等专业部门以及社区物业、学校和其他企业单位参加。应急预案编制工作组应结合各自的职能和分工，明确应急职责和应急工作任务，并在此基础上，制订工作计划，开展应急预案编制。

二、资料收集

在应急预案编制前，预案编制工作组首先应进行广泛、充分的资料收集工作，需收集的相关资料有：

·适用的法律法规和政府部门规章制度，技术标准及规范性文件。如国家发布的有关社区安全管理工作的法规、规章，社区安全管理涉及的各种安全操作规程等国家标准和行业标准。

·社区范围内和周边的水文地质、地形、气象及交通资料等。

·社区功能区划、辖区范围内建（构）筑物平面布置图、应急避难场所等。

·社区辖区范围内企业风险评估资料，如工艺流程、工艺参数、设备装置、作业环境及条件等。

·国内外社区历年来事故资料，特别是本社区的历史事故与隐患资料。

·属地政府及辖区内企事业单位的应急预案和相关救援单位的情况。

三、风险评估

（一）风险识别

社区服务中的风险是社区服务过程中潜在的不安全因素，如果不对其进行防护或预防，有可能导致事故发生，危及业主的安全、房屋的安全及员工的安全。因而要对社区服务过程中的风险进行识别，并制定相应的措施加以控制，从而把事故消灭在萌芽状态。要对风险进行识别，必须首先对社区范围内的风险进行辨识。

风险识别是指对社区服务范围内面临的潜在的风险进行判断、分类，在此基础上，对风险特征和后果进行定性的估计，最终形成一份社区风险清单。风险识别是风险管理的首要步骤，它是风险量化与评估的基础。风险识别具有综合性、系统性、动态性等特点。风险识别之前，我们首先要感知风险，然后才能进行分析。

1. 感知风险

感知风险是指通过特定的知识和技术，了解潜在的各种风险。它是风险识别的基础，通过有效地感知风险的存在，找出风险事故致因，才能为风险管理决策服务。

2. 分析风险

分析风险是风险识别的关键，它是在感知风险的基础上分析社区各种潜在的风险。

（二）风险识别步骤

风险识别包括以下六个步骤。

1. 确定风险因素的分布

在调查、收集资料的基础上，采用合理的技术或方法，分析出社区各种潜在风险因素，并进行归纳，然后确定社区范围内存在的风险因素的类型及分布情况等。

2. 确定风险因素的内容

在风险分析中，应按一定的顺序进行分析，以防遗漏。对社区来说，可以按街区、小区、企事业单位类型等逐级排查分析，再细化至各小区、单位的危险因素部分，分析其存在的风险因素，并列表登记。

3. 确定伤害（危害）方式

伤害（危害）方式指致害物作用于人体，对人体的损害方式。例如粉尘在肺泡内累积，会导致肺部纤维化、癌变等；中毒则是毒物作用于人体的靶器官，导致其生理结构损伤或功能异常；火灾则主要是烟气和火作用于人体，致使人体窒息或烧伤。

4. 确定伤害（危害）途径和范围

大多数风险因素直接作用于人体造成伤害，如高空坠物通过冲击力作用于路过的行人；火灾的烟气通过呼吸道直接接触；噪声通过一定距离的空气损伤听觉；爆炸则是在一定空间范围内，冲击波或飞溅物会对人体造成伤害。

5. 确定主要风险因素

对各种风险类型进行分析，重点分析可能导致事故的直接原因、诱发因素等，为风险评估目标和重点的确定、评估单元的划分、评估方法的选择及防控措施计划的制订提供依据。

6. 确定重大风险因素

分析要全面无遗漏，且应特别关注可能导致重大事故的风险因素。在分析时，不仅分析正常运行情况，更要分析设备异常、操作失误等可能造成严重后果的风险因素。

社区开展安全风险评估，撰写评估报告，评估报告的内容包括但不限于：

· 辨识社区管理范围内存在的危险和有害因素，明确本社区范围内可能发生的事故类别。

· 分析社区管理范围内可能发生事故的类别、可能性、影响范围及危害后果。

· 通过风险评估技术，确定相应事故类别的风险等级。

在以上分析的基础上，应急预案编制工作组最终形成本社区安全风险评估报告。

社区安全风险评估报告编制大纲应包括：

危险有害因素辨识：描述社区范围内危险有害因素辨识的情况（见表 5–1）。

危险有害因素是指可能导致偷盗、淹溺、中毒、火灾、设备事故，以及管理服务过程中出现的各种人身伤害或健康损害的根源、行为或状态。

表 5–1　危险有害因素辨识清单

序号	岗位工序	作业、活动	危险有害因素	可能导致危害事件	责任部门
1					
2					
3					
4					
5					
6					
7					
填表单位：			填表时间：		

事故风险分析：描述社区辖区范围内事故风险的类型、可能性、损害后果及影响范围（见表 5–2）。

表 5–2　事故风险发生可能性和损害后果

序号	事故风险类型	发生可能性区间	损害后果区间
1			
2			
3			
4			
5			
6			

事故风险评价：评价社区辖区范围内风险事故的风险等级（见表 5–3）。

表 5–3　事故风险评价表

序号	岗位工序	作业活动	危险有害因素	可能导致危害事件	直接判断法	LECD 评价法				风险等级	是否构成重大危险源
						L	E	C	D		
1											
2											
3											
4											
5											
6											
7											
填表单位：					填表时间：						

结论和建议：得出社区应急预案体系建设的计划和建议（见表 5–4）。

表 5–4　风险防控措施表

序号	风险名称	技术措施	管理措施	应急准备
填表人：	联系电话：		审核人：	责任人：

四、应急资源调查

应急预案编制工作组应客观调查分析本社区及可请求援助的应急资源状况，如周边单位和政府部门等，在此基础上，形成应急资源调查报告。应急资源调查报告应包括的内容（可以不限于这些内容）有：

· 本社区可调用的应急队伍、应急物资和装备、应急避难场所。

· 针对社区范围内存在的各种风险可采取的监测、监控、报警手段。

· 当地政府、街道办、居住小区及周边企业可提供的应急资源。

·可协调使用的社会化应急救援力量，如消防、医疗等专业抢险救援机构及其他。

社区安全应急资源调查报告编制大纲应包括：

社区内部应急资源：按照应急资源的分类，对相关应急资源现状、应急资源功能完善情况等进行描述（见表 5–5）。

表 5–5　社区内部应急物资（资源）清单

类别	联系人	联系方式	物资名称	存放地点	规格型号	数量	备注
消防类							
警戒类							
通信类							
防护类							
急救类							

社区外部应急资源：在调查的基础上，对本社区以外的可用于参与事故处置的应急资源情况进行描述（见表 5–6）。

表 5–6　社区外部应急资源

序号	单位层级	领域	部门	风险管控事项	联系方式	备注
1	市级部门	政府	市政府	市域各类事故		
2		网信	市网信办	网络、媒体舆情监管		
3		应急	市应急办	重大突发事故		
4		安监	市安监局	安全突发事故		
5		卫生	市卫健委	医疗救援		
6		消防	市消防队	火灾事故		
7		交通	市交委	交通事故		
8		公安	市公安局	治安事件、暴恐袭击		
9		水利	市水利局	水污染、水利设施损毁		
10		环保	市环保局	环境污染、破坏		
11		燃气	市燃气公司	突发事故		
12		电力	市电力公司	突发事故		
13		市场监督	市场监督管理局	食品安全事件		
14		建设	市建委	项目建设事故		
15		国资	市国资委	国有企业各类突发事件		
16		市政	市政公司	市政设施损毁		
17		维稳	市信访办	信访、群体性事件		
18		国安	市国安局	国家安全事件		
19	地方政府	×× 区	政府办	辖区安全、稳定事件		

应急资源差距分析：在风险评估的基础上，应急预案编制工作组应掌握本社区的应急资源需求，再和本社区可获得的外部应急物资对比，提出应急资源补充建议。

五、应急预案编制

应急预案编制应明确功能定位，坚持灵活、简明、适用的原则，突出自救互救的特点，做到任务到人、措施科学明确，尽可能简明化、图表化、流程化。在编制中应立足社区组织体系、应急资源、应急队伍及其能力、灾害事故等实际情况，借鉴典型案例和成功经验，灵活设定应急预案体系、框架要素、编制程序，响应程序和处置措施，体现先期处置特点，力求简洁明了、切实可行。

（一）应急预案体系

社区应急预案包括综合应急预案、专项应急预案、现场处置方案、其他应急预案及支撑性文件。也可结合实际简化应急预案体系构成，将综合应急预案、专项应急预案合并编制。

1. 综合应急预案

综合应急预案是社区为应对辖区范围内各类安全事件编制的综合性工作方案，其目的是规范本社区突发安全事件的应急准备和响应处置行动，侧重明确突发事件的预警信息传播、组织先期处置和自救互救、信息收集报告、处置力量、现场管控、人员疏散与安置等内容，体现先期处置特点。综合应急预案是本地区应对突发事件的总体性工作安排和对各类突发事件应对工作的通用性规定。

2. 专项应急预案

专项应急预案是指社区在应急管理工作中，应根据相关规定或实际需求，针对本辖区内频发、高发的突发事件或本社区存在的重大隐患等单独制定应急预案。专项应急预案的形式、要素和内容等，可结合实际灵活确定，也可聚焦现场应急处置，简化编制为应急处置工作方案或现场处置方案、应急预案操作手册等。力求简明实用、操作性强，突出先期处置特点，重点规范社区层面应对行动。在专项应急预案中要把突发事件的预警信息播报、任务分工等作为侧重点，并明确其具体内容。

3. 现场处置方案

现场处置方案是社区根据其各类安全风险类型，针对具体场所、装置或者设施制定的应急处置措施。现场处置方案的重点是规范具体事故的应急工作职责、应急处置措施和注意事项。

（二）综合应急预案的内容

综合应急预案应包括以下内容。

1. 总则

总则部分主要明确目的、适用的范围、工作原则、响应分级等内容。

社区应根据本地区各主要风险和应急工作实际，统筹考虑相关领域、相邻地区可能发生的突发事件类型及后果影响，依据分级响应的基本原则，对事故应急响应进行分级。突发事件的响应分级可以参考事故分级，但不必照搬。

2. 应急组织机构及职责

明确社区应急管理领导机构、相关工作组和成员，明确其工作结构和职责分工，确定应急管理相关责任人员和预案管理专兼职人员、构成单位（部门）的应急处置职责。应急工作组的建立可综合考虑突发事件类型以及现场应急处置工作实际需要，应急工作组的设置应遵循上下衔接、灵活高效的原则。明确应急工作组应承担的综合协调、应急处置、治安交通、卫生防疫、后勤保障、善后处置等职能任务和上级指挥机构交办的其他工作任务。

3. 报告与预警

（1）风险分析与监测

简述本地区面临的主要风险。

明确社区职责范围内的风险监测职责和信息上报任务，明确各类风险的管控、消除措施和责任人，并建立风险隐患排查机制。

明确承担主要风险监测任务的队伍和人员及其职责。工作职责包括风险隐患巡查、信息报告、先期处置、配合上级开展灾情统计等，风险监测信息通常来源于自然灾害综合风险普查信息，以及网格员、灾害信息员、气象信息员、基层公安派出所、乡镇（街道）所属站（点）工作人员等发现的动态情况和信息化监控系统捕捉到的信息。

（2）预警

明确预警信息报告、预警响应机制，明确预警信息来源和传播手段渠道、信息载体，以及针对居民、承担特定职责任务的人员、困境人群、特殊场所等的传递措施和工作要求。

明确预警响应机制，以及需要采取的预警响应措施和应急准备工作。以下预警响应措施可供参考。

· 社区有关负责人、应急工作组人员、应急救援队伍等在岗备班，进入待命状态。

· 确保社区现有物资、装备的有效性，有需要的要做到定向前置。

· 依法关闭或者限制使用易受突发事件危害的场所，控制或限制容易导致危害扩大的公共场所的活动。

· 明确转移路线、转移地点、转移方式、转移工作负责人和联络人，及时组织人员转移、疏散、撤离，并予以妥善安置。

·加强对预判受影响区域内的加油（气）站、学校、幼儿园、医院、养老院、地下空间等重点场所、重要部位和重要基础设施的安全巡查；当确认突发事件发生后，迅速启动应急响应。

·明确预警解除有关要求，根据上级部门发布的预警解除信息，及时通知受影响的相关区域和人员，解除已经采取的有关措施。

（3）信息报告

明确社区应急信息报告渠道、流程和手段。

明确社区值班制度，确定应急值守电话。

明确建立基层信息报告网络，以及网格员、灾害信息员、气象信息员、护林员、协管员等承担特定应急职责任务人员的信息报告任务，鼓励群众及时报告相关信息。

明确社区有关人员第一时间向社区报送突发事件信息及苗头性信息的工作要求，情况紧急时直接拨打 119、110、120 等报警和急救电话。

明确协助有关部门对外发布相关信息的要求。

明确向上级党委和政府、相关应急指挥机构，以及应急管理、消防救援、公安、卫生健康等主管部门（单位）报告信息的流程、内容、时限和责任人，以及上级部门及有关单位联络方式、报警电话。明确口头和书面报告的形式，以及必要的模板格式和内容要素。必要时，通报可能受影响的有关地区和单位。

4. 应急处置

（1）应急响应

明确应急响应的程序、启动主体、启动形式与条件等要求。社区应根据本地区实际情况来确定预案应急响应分级与否、如何分级及分级响应措施的界定等问题。对于明确分级响应的，可综合考虑突发事件影响范围、处置难度、可能造成损失的大小调用资源力量、舆情等情况。

明确赶赴现场组织处置的社区负责人及应急工作组、应急救援队伍等的职责任务。明确社会单位参与处置时的组织程序。

（2）应急处置措施

明确现场处置责任人及主要处置措施，包括先期处置、现场指挥、秩序维护、抢险救援、转移安置、救灾救助等内容。

①警戒疏散。明确警戒范围、疏散区域、疏散负责人和有关资源，确定紧急集合点、疏散路线和疏散方式。

②抢险救援。明确可调用的基层应急救援队伍的组成和必要分组，开展排除险情、防止次生衍生事件等先期处置任务。

③转移安置。涉及转移安置任务的，明确组织实施人员转移安置的责任主体和负责人、被转移安置人员、转移安置方式及场所、转移条件及路线等关键要素，必要时可进一步明确避难场所负责人、所需车辆及驾驶员和被转移安置人员的基本生活需求及医疗需求，还可明确被转移安置人员信息统计和人员安抚的工作要求。

（3）联动支援及保障

明确社区与相邻街道社区、有关应急救援队伍、企事业单位以及上级应急指挥机构或部门之间的应急联动机制。明确上级部门及专业应急救援队伍到场后的协同处置和保障措施。根据需要，可明确上级应急指挥机构到达现场后，社区现场负责人及时汇报现场情况，移交现场指挥权，协助做好相应保障工作的程序。

（4）应急结束

明确应急结束或响应终止的条件和程序，包括逐步停止有关应急处置措施，有序撤离应急队伍和工作人员等内容。

5. 后期处置

（1）善后处置

明确现场应急处置工作结束后需要开展的善后处置工作。

①配合上级主管部门制定针对受灾居民的救助、补偿、抚慰、抚恤、安置等善后工作方案。

②对参与应急处置人员按规定落实补助措施，对在应急处置中受伤或牺牲的人员积极协调落实有关优抚待遇。

③开展疫病防治、环境污染消除等相关工作。

④明确按照上级要求恢复重建的工作要求，配合上级部门尽快恢复生产生活秩序。

（2）评估总结

明确配合上级部门开展突发事件调查评估的工作内容，组织参与应急处置工作的所属机构、有关部门（单位）及派出机构等人员，总结评估应急处置工作，提出改进意见，完善应急预案。

6. 应急保障

（1）通信保障

明确可为社区提供应急通信保障的相关单位及人员通信联系方式和方法。有条件的可充分利用相关信息通信系统和技术通信设备。

（2）应急救援队伍

明确本社区基层应急救援队伍。可以包括本地区基层警务人员、医务人员、乡镇消防队员、物业保安、企事业单位应急队伍和志愿者等。一般可列出基层应急救援队伍的人数、负责人、联系人及其联系方式。

明确可协调支援的消防救援队伍、专业应急救援队伍、社会应急力量等，可列出联系人、联系方式、救援类型与专长、应急救援物资与装备。

明确可支持或参加应急响应的专家或有特定技术专长的人员，可列出姓名、专业特长、联系方式等。

（3）物资保障

明确社区具有的应急物资和装备的类型、数量、性能、存放位置、运输及使用条件、管理责任人及其联系方式等内容。

（4）场所保障

明确乡镇（街道）的应急物资和装备的类型、数量、性能、存放位置、运输及使用条件、管理责任人及其联系方式等内容。

7. 征求意见

形成应急预案初稿后，应做好与应急预案相关方的协调衔接，结合实际需要征求上级相关部门、单位，有关专家或有应急处置经验人员，以及本地区有关企事业单位、村（居）民代表、物业公司等的意见建议，并进行修改完善。

可根据需要采取桌面演练等形式对应急预案进行推演检验并修改完善，邀请参加人员可包括应急预案中涉及的有关单位、基层组织和应急队伍的相关人员。

8. 应急预案管理

（1）发布实施

明确应急预案的发布和解释主体以及施行日期。

（2）宣教培训

明确组织应急预案宣传教育和培训工作，对象可包括应急管理有关人员和相关应急救援队伍、承担特定职责任务的人员等。

（3）应急预案演练

明确开展应急演练的形式、频次、评估等工作要求。鼓励开展群众参与度高、应急联动性强、形式多样、节约高效的应急演练。通过应急演练检验完善应急预案。

（4）应急预案衔接

明确乡镇（街道）突发事件应急预案体系构成及配套支撑性文件。

明确对社区、企事业单位应急预案工作的指导要求。

明确应急预案定期评估、修订等要求。

9. 附件

结合社区应急工作的实际需求，可采取文本、表格、流程图等形式，编制或列出应急预案附件，可以包括乡镇（街道）行政区划图、防汛防台风形势图、风险点分布及应急疏散示意图、人员转移表（图）、风险清单、任务清单、应急物资装备列表、应急队伍列表、重点防护部位清单、应急处置流程图、指挥机构联系方式、重点岗位应急处置卡及其他必要附件。

（三）专项应急预案内容

社区依据有关规定或根据实际需要，可以针对本地区高发频发的突发事件，或情况复杂、短期内难以完成整改的重大灾害风险隐患，或所承担的重大活动安全保障任务等，单独制定专项应急预案。

专项应急预案的形式、要素和内容等，可结合实际灵活确定，也可聚焦现场应急处置，简化编制为应急处置工作方案或现场处置方案、应急预案操作手册等，力求简明实用、操作性强，突出先期处置特点。专项应急预案重点规范乡镇（街道）层面应对行动，侧重明确突发事件的预警信息传播、任务分工、处置措施、信息收集报告、现场管理、人员疏散与安置等内容。

（四）现场处置方案内容

社区根据本区域的实际情况，针对本区域面临的主要风险，可单独编制现场处置方案，进一步明确若干突出种类突发事件应急处置的责任主体、响应程序和措施等处置要点。现场处置方案一般有以下几种。

地震地质灾害应急处置。明确灾害发生后有关责任主体的响应程序和采取的应急处置措施，主要包括：组织疏散转移与安置、向上级报告灾情、动员居民开展自救互救、配合维护现场治安、配合上级部门发放救灾物资、做好群众安抚工作等。

防汛应急处置。明确洪涝、台风等灾害有关责任主体的响应程序和采取的应急处置措施，主要包括：开展风险巡查、组织避险转移、清除窨井盖上的堵塞物、对受灾村（居）民进行安置、配合抢险救灾工作、配合维护现场治安等。

火灾应急处置。明确火灾发生后有关责任主体的响应程序和采取的应急处置措施。主要包括：第一时间拨打 119 报警电话、疏散群众撤离火灾现场、拉警戒线、保障自身安全前提下组织初期灭火行动、引导消防救援队伍抵达预定位置、疏导周边道路交通、帮助引导消防水源的位置等。

水电气热事故应急处置。明确水电气热事故发生后有关责任主体的响应程序和采取的应急处置措施。主要包括：通知有关行业部门或运营管理单位、疏散转移相关人员、将事故通报受影响的本区域居民、配合相关部门或企业实施抢修工作、配合上级政府和部门发放救灾物资、做好群众安抚工作等。

传染病疫情应急处置。明确突发传染病疫情后有关责任主体的响应程序和采取的应急处置措施。主要包括：配合上级政府和有关部门进行隔离封控、做好安抚工作、做好公共场所消毒工作、做好本区域的摸排登记工作、为居民协助提供必要的基本生活保障等。

（五）其他应急预案及支撑性文件

社区应急预案涉及的有关单位、机构、基层应急救援队伍等可以根据应急预案有关规定，结合自身具体情况编制本单位、机构、队伍使用的应急预案或工作手册，侧重明确对自身承担职责任务进一步分解细化的工作安排，包括应急响应措施、处置工作程序、队伍和装备物资清单，以及相关单位联络人员、专家名单和电话等，可采取表格、流程图等多种呈现方式。既可以单独编制，也可以与综合应急预案等合并编制。

乡镇（街道）应急管理领导机构及其工作小组等有关负责人员、应急救援队伍负责人等重要岗位人员，以及网格员、灾害信息员、护林员、协管员等承担特定应急职责任务的人员可以配套制定岗位应急处置卡。

第四节 社区应急演练

一、社区应急演练概述

社区应急演练是指社区依据应急预案，组织相关单位及人员，模拟某突发事件情景下的应对措施和行动。国家的法律法规明确规定各单位、社区应定期开展应急演练。如果不定期开展应急演练，应急预案的作用就不能显现出来。

（一）应急演练的目的

1. 检验预案

开展应急演练的重要目的是检验应急预案的实用性和可操作性。通过应急演练，可以发现应急预案制定过程中的各种问题，通过记录和分析存在的问题，可以修改和完善应急预案。社区每次应急演练后都应总结和反思应急预案存在的问题，以使应急预案的执行性和可操作性更强。

2. 完善准备

应急演练，也是对突发事件所需应急准备的一场检验。在演练过程中，可以发现应急队伍、物资、技术等方面的不足，通过及时修正不足，可以很好地促进应急准备工作。

3. 锻炼队伍

通过开展应急演练，能够使社区内的企事业单位、志愿者和居民等熟悉应急预案的流程，使他们针对突发事件进行正确的应急响应，从而提高他们的应急响应能力。

4. 磨合机制

通过开展应急演练，促使社区工作人员、企事业单位、志愿者等明确自己的职责和在应急预案中承担的角色，促进工作关系进一步梳理，以进一步促进应急预案机制的完善。

5. 科普宣教

应急演练的开展，也是一场应急科普活动，它可以促进社区居民应急知识的拓展、自救互救能力的提高和安全意识的增强，从而促进居民安全素养的提升。

（二）应急演练的原则

1. 立足实际、合理定位

社区应根据实际情况，制定适合本社区的应急预案。通过演练来验证应急预案的适用性和可操作性，明确演练的目的。同时，演练方式和规模的确定要考虑社区拥有的资源条件。

2. 着眼实战、讲求实效

应急演练的主要目的是提高应急指挥人员的指挥协调能力和社区应急队伍的实战能力。演练后应对演练效果和应急组织中的问题进行评估、总结，以便及时整改。

3. 精心组织、确保安全

根据应急演练的目的，精心设计应急演练方案、演练内容，并制定好安全措施；演练前应经过周密的组织，严格制定安全措施以确保相关人员的安全。

4. 统筹规划、厉行节约

社区应急管理涉及跨部门、跨行业，甚至跨地区，因此应急演练应统筹规划，充分利用现有资源，开展适当的综合性演练；在不影响演练效果的前提下，厉行节约。

（三）应急演练的分类

应急演练可以按照组织形式、内容、目的与作用等不同的方式进行划分。

1. 按组织形式划分

应急演练可以分为桌面演练和实战演练两种。

（1）桌面演练

桌面演练是社区实战化练兵的重要手段，基于以往典型的社区风险案例（如火灾），利用沙盘、地图等辅助手段，引导参训人员讨论和推演应急决策及现场处置的过程，以促进相关人员掌握职能任务和应对程序，从而提升指挥中心人员决策调度能力和相关人员协同配合能力。桌面演练一般在会议室进行，由应急组织的代表或关键岗位人员参与，由总策划以口头或书面形式，围绕假定的场景进行讨论，主要解决相关参与单位和部门之间的协调行动，发现相关单位和部门在应急准备方面存在的问题，最后提出改进的建议。演练结束后，应根据改进意见，及时修订和完善应急预案。桌面演练具有成本低等优点，通常也作为功能演练和全面演练的“预演”。

（2）实战演练

实战演练包括单项或综合性的演练，是指针对事先设置的突发事件情景及其后续的发展情景，通过应急组织指挥人员的实际决策，参演人员利用应急物资、设备，根据制定的应急行动和操作，完成真实的响应的过程。实战演练需要在特定场所完成，以达到检验工作人员应对突发事件的综合处理能力、应对能力和快速反应能力。

2. 按内容划分

应急演练可分为单项演练和综合演练两种。

（1）单项演练

单项演练又叫功能演练，是指围绕特定应急功能展开的演练活动。单项演练重点对一个或几个参与单位或者特殊岗位的特定功能或环节的功能进行检验，常见的单项演练有人员和治安防护演练、人员紧急集合演练、装备及物资器材到位演练等。单项演练的形式多样，可以在室内举行，也可以进行小规模的现场演练。

（2）综合演练

综合演练又称全面演练，是指针对某一类型突发事件进行的全部应急响应或全部的应急功能的检验活动，其特点是真实、综合，但成本高，不宜频繁开展。综合演练注重对多个环节和功能进行检验，尤其是相关单位、部门之间的应急机制和联合应对能力，因此，它能较客观、全面地反映目前应急系统的应急能力，是最高水平的演练活动。

3. 按目的与作用划分

应急演练可分为检验性演练、示范性演练和研究性演练三种类型。

（1）检验性演练

检验性演练是指通过演练来检验已经制定的应急预案的适用性和可操作性，演练后梳理存在的各种问题，进而完善和修改应急预案。每次检验性演练都要总结反思预案的可行性、应急机制、应急准备等内容，使应急预案不断完善。

（2）示范性演练

示范性演练多数是以应急知识的宣传教育和应急技能的培训为目的，向学习人员和参观人员开展应急示范教学。

（3）研究性演练

研究性演练是指以应急处置的重难点为研究目标，通过试验新方案、新技术、新装备而组织的演练。

通过检验性演练、示范性演练和研究性演练的目的和作用可以看出，桌面演练也是一种检验性演练。不同类型的演练可以相互组合、相互渗透，形成单项实战演练、单项桌面演练、示范性单项演练、综合桌面演练、综合实战演练、示范性综合演练等。

社区应该根据实际情况，依据相关的法律法规，制定适用性和可操作性强的应急预案，编制年度应急演练计划，遵循“循序渐进、时空有序”“先单项后综合、先桌面后实战”等原则，规划出应急演练的时间、地点、形式、规模等内容。

应急预案的演练一般以全面演练为主，针对某一特定类型的事件（如火灾、地震等）开展预案演练。通过应急演练来检验应急预案制定过程中存在的问题，进而完善应急预案，通过不断循环，使应急预案具有很强的适用性和可操作性。演练的过程有利于完善应急运行的机制，提升社区应急反应能力。鉴于全面演练需要投入大量人力、物力和财力，而很多社区经费紧张，为减少应急演练支出，提高实效，在对预案进行全面演练的同时，对重大突发事件的预案演练可采取桌面演练、功能演练方式进行。

二、社区应急演练组织机构

社区应急演练的组织机构应和应急预案中的领导机构或指挥机构一致，并且按照应急预案执行。社区要牵头成立由社区领导、参与应急演练的单位领导等组成的演练领导小组。演练领导小组应该下设策划部、保障部和评估组。根据需要，可成立现场指挥部。演练的类型和规模不同，应急组织的结构和职能可以适当调整。

（一）演练领导小组

演练领导小组主要负责应急演练全过程的组织和领导，还要负责演练重大事项的审批工作。演练领导小组的组长一般由演练组织单位的负责人或者其上级单位的负责人担任，副组长一般由演练单位的各部门负责人或者协助开展应急演练单位的主要负责人担任。在演练实施阶段，演练总指挥通常由演练领导小组组长担任，副总指挥则由副组长担任。

1. 策划部

策划部主要负责演练方案的策划和设计、演练过程的组织实施、演练过程遇到的各种问题的协调、演练后的评估总结等。策划部一般还设有总策划、方案组、协调组、控制组和宣传组等部门。

总策划。总策划是应急演练整个过程的主要组织者和策划人，该担任者一定是有应急演练和应急处理的相关经验。副总策划的主要任务是协助总策划开展应急演练的相关工作，通常是由演练单位、参与单位和协助单位的人员担任。

文案组。文案组要接受总策划的直接领导，其主要任务是制订应急演练计划、编写应急演练方案、撰写演练总结和报告等相关资料，还要负责文档的备案和归档等。因此，文案组成员应具有一定的突发事件处置或演练组织的经验。

协调组。协调组的职责主要是与本单位相关部门、参与单位的相关部门和协助单位进行协调沟通，其成员通常为本单位、参与单位和协助单位的行政部门人员。

控制组。控制组受总策划的领导和指挥。控制组的主要任务是负责向演练人员传达演练过程中的各类控制消息，主要是为了确保应急演练按计划顺利进行。演练控制人员应具备一定的演练经验，有时也可以从文案组和协调组抽调。

宣传组。宣传组的主要工作职责为制订应急演练宣传方案、收集整理演练信息和组织发布演练新闻等。其成员包括演练单位宣传部门人员和参与单位的宣传部门人员。

2. 保障部

保障部的工作职责为准备和调集应急演练所需的物资和装备。保障部要提前准备好演练场地、演练场景、演练道具等内容，还要做好现场秩序的维护，车辆运输、人员运输等方面的保障和维护。其组成成员通常为单位后勤、财务和办公室人员等。

3. 评估组

评估组可由上级部门组织，也可由演练单位自行组织。其工作职责主要是演练方案的评估、演练报告的编写、演练的全过程全方位评估、及时提出反馈意见和建议等。评估组对其成员要求较高，一般由应急专家和有丰富应急管理经验的专业人员组成。

（二）参演队伍和人员

参演队伍和人员一般由应急演练组织单位、参与单位和协助单位的工作人员，相关专兼职应急救援队伍和志愿者等组成，主要职责是承担应急响应时的具体演练任务。

三、社区应急演练准备

（一）制订演练计划

应急演练计划一般由文案组负责制订，制订完后提交给总策划，由总策划审查并报领导小组审批，演练计划必须经过领导小组批准后才能执行。演练计划一般包括演练目的、演练人员及职责、演练流程、演练经费预算和日程计划等内容。演练计划的制订应充分考虑社区的实际情况，充分考虑演练的需求和影响范围。

（二）设计演练方案

演练方案一般由文案组负责制订，经过相关专家和领导评审通过后，由演练领导小组批准，必要时还需报有关主管单位同意并备案。

1. 确定演练目标

演练目标主要是指进行本次演练应该完成的具体的演练任务和应达到的效果。一次演练的目标可以包含多项，且这些目标在方案中应对应具体的演练事件和具体的演练活动。一般来说，演练目标应可量化、可实现，既简单又具体。

2. 设计演练情景

演练情景以某突发事件的发生情况为初始条件，在一系列情景事件的引导下进行的演练活动。一般来说，演练情景由演练场景概述和清单组成。

演练场景概述。即针对演练过程每一处演练场景的概况进行详细说明，演练场景概述的内容主要包含事件类别、事件发生的时间、强度与危险性、人员和物资分布、发展速度、受影响范围、后续发展预测等。

演练场景清单。演练场景清单应包含演练中不同场景的时间顺序及空间分布，且不同演练场景间的关联取决于相关人员的应急行动和时间发展的规律等。

3. 设计评估标准与方法

演练评估应以演练目标为基础，在演练过程中，观察、体验和记录演练活动，在对比演练目标与实际效果的基础上，找出演练的不足并总结演练成效。

每项演练目标应有合理的评估方法和标准相匹配，可以选择定量测量、主观评价等方法进行演练评估。通常，在演练前设计好评估表格，表格中涉及演练目标、评价标准和评价方法等内容，便于评价者一一对比。

4. 编写演练方案文件

演练方案文件是指导演练实施的详细工作文件。因实际情况不同，社区的风险事件大小和类别存在差异，因此要结合社区的实际情况，编制针对不同演练类别和不同演练规模的演练方案文件。对涉密的演练方案文件或者不宜公开的演练内容，应该加密和采取必要的保密措施。演练方案文件一般包括以下内容。

（1）演练人员手册。演练人员手册是分发给所有演练人员使用的指南，有利于演练人员熟悉自己的角色和要承担的任务，有利于团队的协作配合。演练人员手册一般包括演练概述、组织机构、时间地点、演练目的、演练情景概述、演练现场标识、演练后勤保障、演练规则、安全注意事项、通信联系方式等，但不包括演练细节。

（2）演练控制指南。演练控制指南是分发给演练控制人员使用的指南，有利于应急响应过程中的演练控制，有利于更好地完成演练任务和达到演练效果。演练控制指南的内容主要包括演练情景概述、演练事件清单、演练场景说明、参演人员及其位置、演练控制规则、控制人员组织结构与职责、通信联系方式等。

（3）演练评估指南。演练评估指南是分发给演练评估人员使用的指南，其主要内容包括演练目标、风险事件情景概述、演练场景说明、演练事件清单、评估人员组织结构与职责、通信联系方式、评估表格及相关工具等。

（4）演练宣传方案。演练宣传方案主要是由宣传组负责制订的方案，方案应包括的主要内容有宣传目标、主要任务及分工、宣传方式、技术支持、通信联系方式等。

（5）演练脚本。如果要进行重大综合性示范演练，演练组织单位应牵头编写应急演练脚本。演练脚本要把演练事件场景描述清楚，把处置行动描述到位，执行人员的指令与对白写清楚，还要配备必要的解说词，并对事件场景视频的背景与字幕进行合理规划。

5. 演练方案评审

应急演练工作能否顺利进行，很大程度上取决于演练方案的可行性。因此，评估组应对演练方案进行评审，特别是风险较大、综合性强的应急演练。

（三）演练动员与培训

演练动员与培训是完成演练任务和达到预期效果的重要环节。只有演练开始前对参演人员进行动员与培训，才能确保参演人员熟练掌握演练规则和明确自己承担的演练任务。演练动员与培训一般包括演练概述、演练的现场规则、组织机构、时间地点、应急技能培训等内容。针对工作人员、志愿者和参演人员等不同主体应该制订不同的培训内容，培训内容还要根据岗位职责、控制过程、演练流程进行细分。

（四）应急演练保障

1. 人员保障

演练参与人员一般包括方案中涉及的所有参与演练的人员。参与人员通常由演练领导小组、总指挥、总策划、控制人员、保障人员、参演人员、评估人员等构成。演练单位和参与单位应统筹安排工作，合理确定演练活动的时间，以保证相关人员的参与和观摩学习，从而达到提高演练人员应急素养的目的。

2. 经费保障

按法律法规等有关规定，社区应急演练经费应该纳入该社区的年度财政预算，应该按照预算及时拨付，不得挪用。另外，为了确保应急经费的使用，还要建立监督机制，确保高效使用，专款专用。

3. 场地保障

根据演练方式和演练内容，社区工作人员应该提前在社区进行勘查，确保场地可正常使用。桌面演练通常可以选择在会议室或应急指挥中心进行，但是实践类演练必须找到与实际情况相符的场地。演练场地应有足够的空间，以确保演练中指挥部、供应站、救护站等站点的设置。演练活动应尽量避免对民众生活的干扰。

4. 物资和器材保障

演练物资和器材应因需准备，主要包括信息材料、物资设备、通信器材和演练场景模型四大类。

（1）信息材料。信息材料主要包括经领导审批的应急预案、应急演练方案等纸质文本资料、地图和相关软件、演示文档等。

（2）物资设备。物资设备主要是指针对特定灾害的应急抢险物资、录音摄像设备、信息显示设备等。

（3）通信器材。通信器材主要包括对讲机、移动电话、传真机、固定电话、计算机、视频通信器材等。

（4）演练场景模型。根据应急预案的特定风险类型，搭建必要的模拟场景及装置设施。

5. 通信保障

应急演练过程中，各个参与方、参与人之间的信息及时可靠传递十分重要。为了保障通信渠道的畅通，应急演练单位应根据演练实际的需求，采用多种公用的通信系统，甚至组建专用的通信系统，以确保演练控制信息的快速传递。

6. 安全保障

演练过程中的安全问题需要引起演练单位、参与单位和协助单位的高度重视。特别是大型或高风险的应急演练，演练组织单位应按规定编制专门的应急预案，并对关键部位和环节可能出现的突发事件进行针对性演练。如果应急演练可能会影响民众生活或容易引起民众误解（恐慌），演练组织单位应提前向社会发布公告，告知民众演练相关信息，如演练内容、时间、地点和组织单位，并做好应对方案。演练现场应有相应的安保设施，以确保演练安全进行。当出现意外时，可以经协商后提前终止演练。

四、社区应急演练实施

（一）演练启动

一般由演练总指挥宣布演练正式开始并启动演练活动。

（二）演练执行

演练总指挥具有对演练实施全过程进行指挥控制的职责；如果演练总指挥不兼任总策划时，应该由总指挥授权总策划对整个演练过程进行控制。应急指挥机构应根据演练方案的要求，指挥所有的参演队伍和人员，开展应急处置行动，直至各项演练活动顺利完成。演练控制人员应根据演练方案，按照总策划的指示，准确发布各项控制信息，指导协调参演人员完成各自的演练任务。模拟人员也要依据演练方案的要求，模拟出未参加演练人员的应急处置和应急响应的行动，并作出信息反馈。

（三）演练过程控制

演练过程由总指挥或总策划按演练方案负责控制。演练过程控制包括桌面演练过程控制和实战演练过程控制两种。

（1）桌面演练过程控制。桌面演练有讨论式、角色扮演和推演式三种。讨论式桌面演练主要围绕一个或若干个问题进行讨论。首先，由总指挥或总策划以口头或书面形式提出一个或若干个问题，参演人员围绕问题讨论该情景下应采取的行动。而角色扮演和推演式桌面演练，一般由总指挥或总策划根据演练方案发出相应的控制信息，参演人员收到突发事件的控制信息后，按照角色扮演的要求或者模拟操作要求，完成应急处置任务。

（2）实战演练过程控制。和桌面演练过程控制不同，实战演练过程控制是通过传递控制信息来控制演练进程的。总指挥或总策划按照演练方案发出控制消息，控制人员收到消息后，通过人工、对讲机、电话、视频、网络或者特定的声音、标志等向参演人员和模拟人员传递控制消息，参演人员和模拟人员接到控制信息后，按方案要求执行具体应急任务，采取相应的应急处置行动。在演练过程中，控制人员还应实时搜集演练进展情况并及时向总指挥或总策划报告演练中可能遇到或者已经遇到的各种问题。

（四）演练解说

在演练实施过程中，演练组织单位可以聘请专业人员对演练过程进行解说。解说的内容通常包括演练背景描述、案例讲解、环境细节描述和演练进程讲解等。如果演练组织单位有演练脚本，也可以按脚本中的解说词进行讲解。

（五）演练记录

在演练实施过程中，通常要有专门人员通过文字记录、拍摄照片和录制音像等方式记录应急演练的过程（见表 5-7）。文字记录通常是由评估人员完成的，一般包括演练时间、演练地点、参演人员、演练过程、参演人员表现、演练流程、演练过程中遇到的特殊情况及其处理等内容，尤其要详细记录可能造成的人员伤亡、财产损失或环境污染等情况。照片和音像记录应尽可能全方位反映演练实施过程，因此，应从不同角度、不同现场进行拍摄录制，这项工作应由专业人员或宣传人员完成。

表 5-7　应急演练记录表

<table>
<tr><td>项目名称</td><td></td><td>演练日期</td><td></td></tr>
<tr><td>演练内容</td><td></td><td>演练地点</td><td></td></tr>
<tr><td>演练过程记录</td><td colspan="3"></td></tr>
<tr><td>演练照片</td><td colspan="3"></td></tr>
<tr><td>演练总结</td><td colspan="3"></td></tr>
<tr><td colspan="2">记录：</td><td colspan="2">审核：</td></tr>
</table>

（六）演练宣传报道

演练宣传报道工作应该由宣传组负责，宣传组应当按照演练宣传方案认真落实各项工作，除了做好信息采集、现场采编和播报、媒体组织等工作，还要做好演练的宣传教育，重视演练的宣传效果。如果涉密，要做好相关保密工作。

（七）演练结束

演练结束后，应由演练总指挥发出演练结束的信号，宣布结束演练。演练结束信号发出后，所有人员应停止演练活动，按演练方案中给定的方式集合，现场集合完毕后，由演练总指挥或总策划进行现场讲评和总结，然后组织疏散。疏散完毕后，保障部应组织人员对演练场地进行清理和恢复。

演练实施过程可以终止的情形如下：

（1）出现真实突发事件，需要参演人员进行应急处置时，应该立即停止演练，让参演人员迅速回归自己的工作岗位，参与应急处置工作。

（2）出现了特殊或意外情况，且情况在短时间内无法妥善处理或解决时，应该终止应急演练。

五、应急演练评估与总结

（一）演练评估

应急演练结束后，由评估组对应急演练作出评估。评估组应对照应急预案，在全面分析演练记录及相关资料的基础上，总结分析演练过程所暴露出的问题，并编写演练评估报告。演练评估应贯穿演练全方位、全过程，主要内容包括：评价应急预案的合理性与可操作性、评价指挥协调和应急联动情况，评价应急预案演练的执行情况，应急人员的处置情况和演练所用设备的适用性。通过演练评估，为应急预案、应急准备、应急机制、应急措施等的完善提出意见和建议。

评估组应在演练结束后，通过填写演练评价表、采访参演人员、组织评估会议等方式开展评估。评估工作应始终坚持“实事求是、科学考评、依法依规、以评促改”的原则。

评估工作需要相关专业人员的参加，如应急管理方面专家、相关领域专业技术人员或相关方代表等。如果演练规模较大、参演人员较多、演练情景设置或实施程序复杂时，可设多级评估，并明确各级负责人。评估组召集有关方面的人员，依据此次演练的具体目标、具体情景事件及流程、保障方案等，明确评估内容及要求。评估方法可以是观察、提问、检查、对比，也可以通过实测等获取客观证据。演练结束后，评估组应根据评估结果及时向演练单位及相关方提出评估意见和建议，最后形成演练评估报告。演练评估报告包含的内容通常有演练执行时间、地点等基本情况、应急指挥人员的指挥协调能力评估、应急预案的合理性与可操作性评估、参演人员的应急处置能力评估、演练目标的实现情况评估、演练的成本效益分析、演练所用设备装备的适用性评估以及对完善应急预案的建议等。

（二）演练总结

演练总结一般分为现场总结和事后总结两种。

（1）现场总结。应急演练的所有过程结束后，现场要做一个演练总结。通常演练总结是由演练的总指挥做，如果演练总指挥不兼任总策划时，可以由总策划做。如果两者都不合适时，可以请评估组长进行有针对性的讲评和总结。总结内容主要包括演练目标的实现情况、演练中存在的问题及解决方案、参演队伍及人员的表现等。

演练结束后，可选派有关代表对演练中发现的问题及取得的成效进行现场点评。演练单位应组织参与人员或小组进行自评，介绍演练收获及体会，总结演练中的优点和不足。评估组成员应参加参演人员自评会并做好记录。自评结束后，评估组负责人应及时召开专题会议，成员们依据演练评估记录和演练情况发表建议并交换意见，然后明确演练过程中存在的问题及整改的要求和措施等，最后，由评估组负责人给出综合评估意见。

（2）事后总结。事后总结是在演练的所有环节都结束后，在评估组依据应急预案、应急演练记录和现场总结等材料进行演练评估的基础上，全面系统地对演练过程和情况进行总结，形成总结报告。同时，参与演练的单位和协助单位也可以针对应急演练进行总结。总结报告通常包括演练基本情况、演练目标的实现情况、演练评估过程、演练控制情况、演练存在的问题、改进的意见、建议和评估结论等部分。

演练结束后，演练组织单位应当针对评估报告和总结报告中提出的问题和不足，制订整改计划。整改计划应当包含整改目标、整改措施等内容。同时，还要及时修订应急预案，分析总结问题和不足的原因。最后，演练组织单位还要将演练计划、演练评估报告和总结报告等资料进行归档保存。

第五节 社区自救与互救

一、社区自救互救的必要性

过往的灾难救援经验告诉我们，受灾地区居民自救互救是第一时间减轻人员伤亡的有效途径。王东明、李永佳等学者在 2011 年发表的《汶川地震与玉树地震自救互救调查情况比较研究》同样论证了灾难中自救互救的重要性。该研究还注意到，尽管汶川与玉树地震中积极参与自救互救的人员比例较高，但自救互救仍受能力不足等问题掣肘，比如，缺乏救援经验和知识，不知该如何救援等，造成了抢救埋压人员效率较低，阻碍了及时挽救受灾人员生命。

社区是各类突发事件的主要承受体，处于应对突发事件的第一线，是灾后第一时间投入灾害救助的主力军，而自救和互救是社区居民应对社区突发事件最重要的方式，因而，建立社区自救互救组织，提升社区居民自救互救能力十分必要。

二、社区自救互救组织的建立和作用

社区应考虑建立自救互救组织，作为社区主要的灾害准备措施。社区自救互救组织应由社区自主建立，基层政府有关部门给予必要的指导和支持，社区自救互救组织作为社区应对突发事件的骨干力量，应主要由青壮年组成，并配备必要的救助工具和相关器材，传授应急救助基本知识，进行技能的综合培训，必要时可适当开展救助演练，使组织成员具备基本救助技能，能够运用简易的救助工具，在发生突发事件时，能够进行及时的自救互救，大幅度减少伤亡。

社区自救互救组织能够在灾害面前发挥极其重要的作用，主要体现在以下几个方面。

一是灾害发生后，立即自动开展自救互救活动，承担起灾害现场救助主体作用。

二是在必要和可能的情况下，支援邻近社区的救助行动。

三是利用各种方式及时上报灾情，请求救援。

四是在救援队伍进入社区，正规的搜索与营救活动成为主体后，社区自救互救组织转为积极配合，介绍灾害现场的情况，提供受灾幸存者的方位或线索，协助营救，协助救护和转运伤员，协助维护现场秩序。在搜索与营救基本结束后，社区自救互救组织的任务是协助政府建立救灾物资发放点，协助发放救灾物资，协助安置受灾居民。

三、有效提升居民自救互救意识和能力的措施

群众防灾减灾意识及自救互救能力的提升，有助于他们在突发灾难面前，沉着冷静地采取正确的应对措施，从而避免或减轻灾害的后果，提升整个社会综合防灾减灾的能力。

（一）高度重视，切实加强组织领导

建立健全应急组织管理机制，完善减灾制度建设，建立减灾档案。制订切合社区实际的防灾减灾方案，明确安全目标和各相关部门职责，完善“政府主导、部门协同、社区实施、居民参与”的工作机制，通过主体的积极参与互动，形成防灾减灾工作的合力。

（二）宣传引导，发挥自治组织作用

充分利用社区及院落、小区的宣传栏、宣传橱窗，张贴防灾减灾宣传挂图，建立宣传阵地；定期开展社区安全知识课堂，对社区应急队伍和居民进行逃生、抢险和自救互救培训；支持基层社区建立防灾减灾志愿者队伍和自救互救组织，并促进其发展壮大，组织志愿者和成员开展经常性的防灾减灾知识宣传教育活动；引导社区居民树立风险意识，增强自救互救的本领，自觉自愿地在家中配备必要的防灾减灾物资，如家庭灭火器、急救包、应急灯、安全绳等。

（三）多元主体参与，发挥社会组织作用

尽管众多社会组织积极参与了减灾救灾工作，对各级政府部门的减灾救灾工作起到了补充作用。但总体来说，社会组织及志愿者参与减灾的机制还不够完善，作用尚未得到充分发挥。要建立政府与社会组织的减灾救灾工作合作机制，调动社会资源，使社会组织在减灾救灾工作中发挥更大作用，要制定鼓励社会组织参与减灾救灾的政策措施，并加强宣传，引导社会组织积极参与减灾救灾工作。

（四）加强专业队伍建设，提升应急救援能力

全面推进防灾减灾人才队伍建设，建立一支高效、专业的防灾减灾专家队伍，不断充实和完善专业队伍，建立防灾减灾人才信息管理系统，不断优化提升人才结构，合理配置人才资源。坚持“一队多用、专兼结合、军民结合、平灾结合”的原则，通过针对性训练和专业技能培养，不断提升救援队伍抢险救灾能力。

第六章　韧性社区安全

第一节　韧性社区概述

一、韧性社区的概念和属性

“韧性”一词最早在物理科学领域的工程力学中出现，指“回到最初的状态”，现在已经在公共管理学和社会学领域被广泛应用。“韧性”的概念在2002年的联合国可持续发展全球峰会上首次被引入城市抵御灾害、减轻灾害的领域。“韧性城市”强调的是城市在面对急性冲击和慢性压力时，在遭受如疫情等突发事件时，具有自我修复、冗余缓冲和动态平衡的能力，同时具有抗压、可持续发展和适应的能力。韧性城市在面对突发灾害时，能够自我调整修复、分散风险和抵御外来的冲击，同时能够减轻灾害损失。2011年8月，第二届世界城市科学发展论坛和首届防灾减灾市长峰会上，联合国减灾战略署对“成都韧性”进行了高度评价。在峰会上，联合国发布了“让城市更具韧性”行动，参加该活动的城市有成都、威尼斯、孟买等共10个城市，勾勒出了提高城市韧性的路线图。同时，联合国减灾战略署还制定了包括减轻灾害风险预算、维护更新、向公众公开城市抗灾能力数据、维护应急基础设施等“让城市更具韧性十大指标体系”（见表6–1）。2020年8月，中共中央、国务院在对《首都功能核心区控制性详细规划（街区层面）（2018年—2035年）》的批复中首次提到“建设韧性城市”，而在《中共中央关于制定国民经济和社会发展第十四个五年规划和二〇三五年远景目标的建议》中，再次出现了“建设海绵城市、韧性城市”的表述。

表 6-1　让城市更具韧性十大指标体系

序号	内容
1	以市民团体和民间社团的参与为基础，成立专门机构开展协调工作以了解和降低灾害风险。建立地区联盟，确保各部门了解其在降低灾害风险和相关准备方面的职责与分工
2	制定专项降低灾害风险预算并出台鼓励性措施，鼓励公共部门以及社会各界投资，以减少其面临的风险
3	掌握关于危险和隐患的最新资料，编制风险评估报告，并制定城市发展规划和决策。确保公众随时可获得该市灾害抗御能力相关信息及计划，并就相关内容开展充分讨论
4	投资兴建并维护能够降低风险的关键基础设施（如泄洪设施），并在需要时作出相应调整，以应对气候变化
5	评估每所学校和卫生保健设施的安全性，并进行必要的升级维护
6	实施并执行实际可行的风险防范建筑法规和土地使用规划原则。确定供低收入市民避难的安全区域，并且针对非正式居住区开发可行的升级项目
7	确保学校和当地社区开展有关降低灾害风险的教育课程和培训
8	保护生态系统和天然缓冲区，以减轻洪水、风暴以及所在城市可能遭受的其他危害。以良好的降低风险的做法为基础，适应气候变化
9	在所在城市装设预警系统并培养应急管理能力，定期开展公众应急演习
10	确保灾后重建以满足受灾人口的需求为重心。在相关设计与实施中预先计划并纳入受灾人口和社区组织的需求，包括家园重建和生活保障

目前，韧性社区的理论内涵已经在学术界达成了共识。韧性社区强调的是社区在面对灾害冲击时能够自我组织、自我协调和自我恢复，而不仅仅是依赖于外界的帮助。韧性社区需要利用物理空间等资源的社会支撑，还要具备灾害自我预警、自我抗压、自我调整和可持续发展的能力。在面对灾害时能够具备灾前预警、灾中协调和灾后的急救和修复等功能，充分彰显社区的基本功能和韧性特征。

韧性社区是一个包括生态系统、物理空间系统、社会系统等在内的复杂系统，它是集韧性能力的一种多维表达。韧性社区具有以下几个属性。

（一）抗逆力

韧性社区最早提出时有点偏向于物理层面，是指社区基础设施抵御外力冲击的能力。它强调的是社区内的基础设施能够抵御自然灾害、突发疫情等的冲击，对环境的干扰和改变具有很强的抗逆力和稳定性。韧性社区抗逆力最重要的表现是较小程度的损坏和较短时间内的修复。

（二）恢复力

通常情况下，基础设施会因为无法承受灾害冲击出现比较严重的毁坏，所以工程维度的抗干扰不一定总是有效的。灾害影响不可能单维度地指基础设施，还包括自然系统、生态系统、物理空间系统、社会系统等潜在的承受灾害的对象。因此，抗逆力只是韧性社区的一个特征，韧性社区还具有恢复力的属性。恢复力的属性是由社会生态学家提出的，恢复力属性是指社区能够在灾害突然发生时，尤其是关键的基础设施被损坏后，通过相互学习、调配合理的资源等方式，让社区具备正常的运转功能，同时尽快进行灾后恢复，把灾后影响和损失降到最低。社会生态学家认为社区作为重要的灾害发生后的反应主体，应该具有防灾、减灾和救灾的主观能动性。当灾害发生时，社区的应急响应是否及时有效，将决定灾害造成的后果的严重程度，以及社区能否在最短时间内得到恢复。灾后恢复不仅需要外部的帮助，还需要社区自身具备灾后恢复的能力。而韧性社区正好能建立起灾后恢复程度的动态平衡。

（三）适应性

韧性社区的适应性主要是指社区自身的自组织能力和临机决策的能力。社区应该在灾害发生前做好风险评估，思考和预防各种风险因素，积极采取措施，降低风险造成灾害的概率。社区应该在灾害发生时临危不乱，通过社区总动员、居民积极参与等方式，合理配置内部和外部资源，做好应急响应，提高社区抗击灾害的能力。社区应该在灾害发生后积极恢复，不断总结学习，积累灾后经验，将灾后经验和应对策略形成社区的固有韧性，不断提高社区应对后期灾害的适应性。

二、韧性社区的表征维度

韧性社区的表征维度主要包括物理韧性、制度韧性、组织韧性、文化韧性和技术韧性五个方面。

（一）物理韧性

物理资源是社区居民生活、工作和学习的基础，也是社区经济发展的重要保障。物理资源包含建筑空间、智慧服务以及监测预警系统、城市道路系统、应急避难场所等空间系统，是社区运行过程的重要构成因素。社区是在基础设施的基础上发展起来的，社区发展的好坏和基础设施的建设有密切的关系。国家为了让社区落地更多的应急管理措施，实施了“综合减灾示范社区”、“安全社区”和“韧性社区”等众多应急管理项目。这些项目的实施和落地，极大地改善了社区的基础设施，提高了社区的应急管理水平，也提升了社区应对各种突发事件和风险防控的能力。但是，一些偏远的农村社区，仍然存在基础设施不完善，应对突发事件和风险防控的能力差，应急储备物资（尤其是医疗物资）匮乏等一系列问题。因此要想提高社区的防灾减灾能力，就要增加社区的物理韧性。

（二）制度韧性

制度韧性是指面临不确定风险时，社区表现出的应对和适应能力，是社区韧性的核心来源。该韧性要求应急管理制度的完善和完备。当前，我国城市社区虽然设置了较为完备的应急管理制度，建立了相应的应急管理制度章程，但在实际运作中，社区应急管理制度还存在两大梗阻。一是政府应急制度各层级衔接不畅。社区是各类行政事项的“落脚点”，倒金字塔式“上面千条线，落地一根针”的治理格局在全国普遍存在，社区行政事务不堪重负。同样，上级政府把应急管理、防灾减灾任务逐级下派至基层，并通过责任考核机制实施责任到人。一些社区的应急制度就有可能是为了应付上级检查而设置，社区应急制度从其他成形的方案中进行拼凑，缺乏结合本社区实际的细则，因而社区应急制度存在难以细化和落实的情况。二是体现在社区的应急制度执行力较弱。如一些地区的应急制度执行不到位，以至于应急决策很难得以有效贯彻执行。当突发事件真正发生时，有些社区管理者习惯于凭借其经验和直觉应对，这就使得这些社区应对风险的“人治”色彩浓厚，“工作作风和思维模式被打上强烈的个人烙印”。有的地方甚至出现各自为政的现象，国家的统一部署和调控得不到有效落实。我国针对社区颁布了一系列的应急管理制度，如《中华人民共和国基本医疗卫生与健康促进法》《中华人民共和国传染病防治法》《国家突发公共卫生事件应急预案》《突发公共卫生事件应急条例》等相关法律法规和文件。但这些制度在实际运作过程中，还存在着制度上各层级衔接不畅和应急制度执行力较弱等问题。因此在建设韧性社区时，一定要重视制度的建设。

（三）组织韧性

组织韧性是指在面对各种突发事件时，政府、社会、人民群众等不同主体表现出来的行动能力和适应能力。组织韧性是灾前防范、灾中响应和灾后恢复的重要保障。该韧性要求政府职能部门发挥好核心作用，同时政府和社会在应急响应方面形成合力，群众等积极参与，各主体在突发事件的预防、准备、响应和恢复等环节共同发挥作用。组织韧性的好坏主要体现在政府、社会、市场和人民群众等不同主体之间的应急资源的共享程度。不同主体承担不同的责任，但需要共同参与应急治理，才能逐步提高社区韧性。当前，组织韧性还存在着主体责任分散、成长发育不足、责任相互推诿和相关法律法规模糊等问题。因此在建设韧性社区时，一定要考虑组织韧性的建设。

（四）文化韧性

文化韧性指社区既要开展各种文化活动，还要让社区居民获得在价值观、社区信任感和归属感、文化符号、行为规范、邻里关系等方面的认同。文化韧性是实现城市专属的本质内容，通过丰富多样的社区文化建设，既能实现人们对美好生活的向往，还塑造了社区的文化韧性，有利于实现城市韧性。社区居民可以把地方传统、地方特有的文化转变成集体行动，高度认同的社区文化不仅能够丰富社会资源，更容易让大家形成团结的集体，从而提升应对突发事件的能力。

随着我国现代化进程的不断推进，现代年轻人生活方式的改变，有着共同生活环境和文化背景的熟人社区在逐步减少，出现了陌生人社区。当前，陌生人社区是我国社区的形态之一，这种社区的居民缺少集体意识，无法形成集体行动的能力，当遇到突发事件时，对应急响应的敏感度、适应性和反应能力较差，对于预防、准备、响应和恢复等环节的参与度比较低。社区居民的参与度低反映了社区文化韧性建设的不足，这是世界各国社区建设面临的共同问题。只有加强社区文化韧性的建设，才能让居民在面对突发事件时，心理沉着冷静，积极参与应急管理，提升社区抵御灾害和风险的适应性和稳定性。

（五）技术韧性

技术韧性是指运用计算机、云计算、大数据、互联网等技术提高社区面对突发事件时应急管理的智能化水平，是提高社区抵御风险和应对危机能力的关键要素。技术韧性是当前智慧城市发展战略的倒逼升级，也是社区治理创新至为重要的关键环节和重要任务。自从我国进行智慧社区建设以来，信息技术越来越被广泛和深入运用到社区治理中。但受制于社区的人力、资源、技术等条件，仍存在前期的预测和技术研判不足，灾后补救的习惯性思维。与此同时，由于快速的城镇化扩张，社区的流动性、异质性不断增加，客观上导致社区难以做到实时动态的跟踪。在风险防范中，各类共享数据成为“信息孤岛”“部门墙”“行业墙”的问题比较严重，严重降低了社区应急防控的效率。同时，社区应急预案对于风险防控具有重要作用。在吴晓林所在团队的调查中，有 42.11% 的社区没有应急管理预案，即便有的社区已经编制了应急预案，但是针对性、实操性不足，不能有效结合本社区实际。此外，对物业公司和社区工作者来说，缺乏必要的专业风险防控指导，一定程度上导致基层干部的防护意识和专业素养不足，应对社区突发公共事件缺乏自觉性、主动性和警惕性。

三、韧性社区的主要特征

（一）韧性社区社会系统具有多样性和动态性

韧性社区可以看作是由社区居民与社区生态环境组成的一个多样化的、复杂的社会生态系统，韧性社区体现了社会系统与生态系统相互依存、彼此耦合和协同进化的关系。虽然社区的发展过程经常遇到不可避免和难以预测的问题，但多样性和动态性使社区具有自我抗干扰性，能够应对各种问题，适应各种变化，获得自我平衡。因此，社会系统的多样性和动态性对于建设韧性社区非常重要，是韧性社区的一个重要特征。

（二）韧性社区环境具有独特的物理特征和发展历史

作为整体社会生态系统的组成部分，韧性社区与本地环境呈现出强烈的文化附属性和资源依赖性，并体现为社会性联系与资源的纽带。在发展演变的过程中，城市环境任何的改变都会引起社区内部的连锁反应，并在其生态、环境、经济、社会、文化等各个方面留下变化的线索与痕迹。虽然城市社区无法控制与其相关联的物质或非物质要素，但仍然能够通过改变上述条件来获得更强的社区韧性。

（三）韧性社区空间具有功能性和形态特征

作为行使居住功能且完整、独立的系统单元，城市社区的建设需要基于一定范围与规模的地理空间。总体空间的面积、形状、区位以及内部空间的布局、结构、数量等，是影响并决定社区景观视觉形象、绿色生态环境、居民行为心理等方面特征的关键，也是韧性得以表达与落实的载体。在一定程度上，社区空间的演变反映了城市社区对变化的环境与需求的适应。

（四）韧性社区人口具有多样性和自组织性

韧性社区中的居民形成一个关系圈，共同享受生态环境和社区资源，也享有很多决议和选举的决定权。社区居民既是社区服务的享受者，也是社区建设、改善和管理的参与者。社区居民存在人口的多样性，具体表现在性别、年龄、学历、工作、职位和家庭背景等方面。但社区居民在建设美好社区的发展愿景上具有一致性，因此可以将社区内的个人组织成一个社区群体，把社区群体的领导力、组织力和培训力视为一种可利用和开发的资源，这些资源是社区韧性的重要构成部分。人口的多样性和自组织性是韧性社区建设的主要特征。

四、韧性社区是当前安全形势下的新要求

“韧性城市”具备自身抵御灾害的能力，通过城市的建设等减轻灾害造成的损失，通过合理的资源调配等快速地从灾害中恢复。建设“韧性城市”，有利于保障人民的生命健康和安全，有利于国家的长治久安，是国家“十四五”的重要任务。

韧性社区是城市基层社会治理的重要组成部分，是城市公共安全治理的基础单元，主要解决韧性城市“最后一公里”的问题。韧性城市的实现是在韧性社区的基础上发展起来的。只有通过韧性社区的积累和传递，才能保证韧性城市的实现。

社区是社会安全事件、公共卫生事件、地震、洪水灾害、海啸、台风、

疫情等风险的聚集地，既潜伏着大量外部风险，也潜伏着很多内部风险。

面对各种风险挑战，社区韧性治理逐渐成为推进基层治理现代化的必要途径。这主要源于韧性治理理论与社区应急管理的契合性。从治理逻辑上来看，社区应急管理的本质目的是最大限度化解由环境因素导致的地震、洪水、海啸、台风等自然灾害事件和由突发因素导致的疫情、公共卫生事件等事故灾害、社会安全事件等的不良影响，为社区的可持续发展提供可靠支持。而韧性治理作为治理理论工具，强调社会系统要具备抗逆力、敏捷性、冗余性、学习力等关键特征，面对急性冲击和慢性压力能通过灵活调整达到新的平衡状态，以此实现与外部不确定性扰动的适应性共存。因此，二者在治理逻辑上具有内在一致性，均为通过各种有效治理手段化解系统的脆弱性，为实现系统的稳定、高速发展奠定基础。从治理主体上来看，社区应急管理涉及风险监测与预警、评估与分析、应对与处置、灾后恢复与学习等多个重要环节，治理主体包括基层政府、社会组织、社区管理服务机构、居民等，在化解社区风险的过程中，任何单一治理主体都无法实现这一进程的持续推进，必须依靠多方主体共同发力、协同互补，实现多元共治。而韧性治理强调具备高度权威的领导机构和积极参与的社会主体开展有效合作，形成强大的组织合力以应对各类风险可能造成的脆弱性断裂和失序危机，这就决定着韧性治理理论的实践中必须具备一个由多元主体参与合作的稳定治理结构。从治理手段看，韧性治理作为新兴治理理论兴起的动因之一便是信息技术的快速发展，其理论亦主张通过高科技手段在各个治理环节的充分运用为高效科学地应对外来扰动提供技术支持，二者在治理手段的技术性特征上存在内在契合。应急管理以信息技术为治理手段，通过应急管理网络平台的构建，实现应急管理信息共享，集中存储和统一管理，为风险防范、预警预报、指挥调度提供必要支撑。

自我国全面推进社区建设以来，社区安全一直被列为重要目标，全国综合减灾示范社区创建活动也已开展十多年，为提高社区应急管理水平、增强居民防灾减灾意识和能力奠定了基础。但是，相应的措施仍属于工程学范畴，缺乏对社区内部成员自治、多元合作等方面的关注。全面推进韧性社区建设，是对新冠肺炎疫情暴发以来暴露出的社区应急管理问题的反思和提升。

韧性社区建设的价值和意义主要包括以下几个方面。

韧性社区是建设平安中国的重要策略。只有保证了安全，才能保障个人的生存发展、人民的和谐幸福、国家的繁荣昌盛、社会的长治久安。在社会快速发展的过程中，疫情、洪水、地震、海啸、溺水、交通安全、校园安全、设施设备安全等各类风险挑战经常出现，而且这些风险呈现出放大性、穿透性、关联性和跨界性等的特点。社区安全关乎人们的人身和财产安全，只有建设安全社区，才能建设安全城市。社区安全是人民的基本需求，是社会平安治理的重要步骤，是平安中国建设的重要策略。因此，建设有韧性的社区十分有必要，韧性社区能够自身防范和抵御各种风险，是建设平安中国的有效策略。

韧性社区是满足人民身心皆安的高质量要求。建设韧性社区，可以提高人民群众的安全感、幸福感和获得感。现阶段，人民对安全感的需求已经不仅只是对生命财产安全的需求，还包括身心皆安的高质量生活品质的需求。韧性社区是人民幸福、城市安全、国家安定的前提，是提高人民群众的安全感、幸福感和获得感的必然选择。韧性社区为建设和谐宜居的社区提供了未来发展的可能性。韧性社区的建设是为了人民群众的身心健康、邻里和谐、精神安乐、秩序安定，更是为了人民群众平安幸福的社区生活。

韧性社区是推动国家治理能力和治理体系现代化的时代课题。通过韧性社区的建设，可以有效提高社区抵御、减轻、应对灾害的能力。这将有利于推动社会和国家安全治理，提高国家治理体系现代化的能力。

第二节　韧性社区评估框架与制度的设计

一、韧性社区评估框架

韧性的发展理念在社会治理、应急管理、风险防控中具备的独特优越性已经得到了世界学者的充分认同，特别是社区领域，“韧性社区”的思想理念，为新社区的改进和构建提供了思路和方法。韧性社区评估框架主要包括物理空间、组织结构、社会环境、经济运行、信息沟通、人口构成六个方面，如图 6–1 所示。

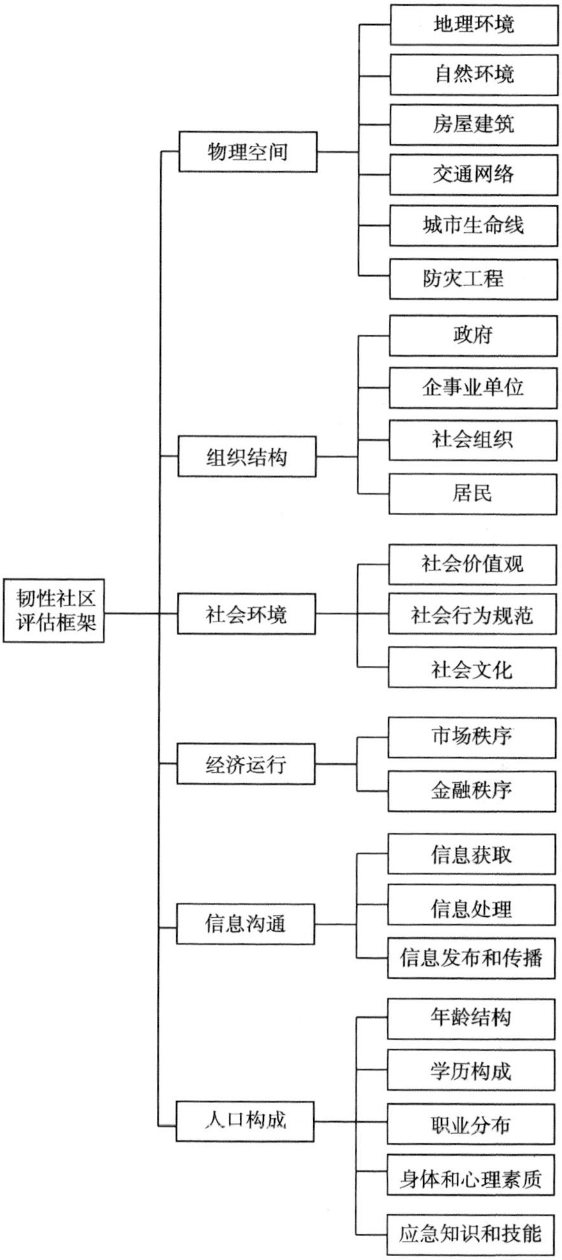

图 6-1　韧性社区评估框架

（一）物理空间

社区的物理空间主要包括地理环境、自然环境、房屋建筑、交通网络、城市生命线、防灾工程等方面。房屋建筑是社区的主体结构，交通网络是社区建筑的连接线路，城市生命线是社区运行的动力，防灾工程是社区安全的可靠保障。社区物理空间的这些方面相互协调、相互耦合、相互依赖，如果这些方面在规划建设和运行时都具有很强的抗灾能力和自我恢复能力，则说明社区物理空间具有较强的韧性。

（二）组织结构

社区是由政府、企事业单位、居民和社会组织等构成的社会系统，是一个典型的组织结构，且具有多功能和多层级的特点。突发事件发生时，社区组织结构韧性越好，其稳定性、适应性、自我恢复能力和协同性表现得就越好。因此组织结构是社区韧性的重要评估要素。

（三）社会环境

社区的社会环境包括社会价值观、社会行为规范和社会文化三个方面。社会价值观是社区范围内被大多数人普遍认可的价值观。韧性社区在社会环境方面的评估主要包括安全意识的宣传教育、突发事件的自救互救、应急知识和技能的普及等内容。

（四）经济运行

社区经济运行评估主要包括市场秩序和金融秩序两个方面。社区经济运行韧性评估主要是对社区抵御外界干扰，保持社区经济持续，稳定协调发展，恢复正常经济秩序的能力等进行评价。经济运行的韧性指标主要包括就业率、社会保险覆盖率、自住房占有率、经济规模和收入水平五个方面，它体现了社区居民的就业率、经济收入水平、生活水平和社区经济的多元化。

（五）信息沟通

只有保证信息沟通准确，信息获取和共享及时，才能让社区各个组成部分高效地运转。信息沟通韧性评估主要通过信息获取、信息处理、信息发布和传播三个方面进行。只有通过良好的信息沟通，才能让负面情绪、负面信息、不良舆情不再继续积累和发酵。因此，韧性社区在面对突发事件时，在信息沟通方面需要保证信息的准确、快速获取，良好的信息保持能力，畅通的信息发布和传播渠道。

（六）人口构成

在韧性社区评估时最重要的评估对象是人口构成，人口是社区的核心和主体，对人口构成的评估内容主要包括年龄结构、学历构成、职业分布、身体和心理素质、应急知识和技能等。

二、韧性社区的应急管理体制

城市整体韧性提档升级的基础是提高社区韧性，而社区韧性的提升取决于社区的应急管理体制。社区的应急管理体制越健全，其社区韧性就越好。由于社区的管辖范围会根据实际情况发生变化，从应急管理单元和职责角度去讨论韧性社区的应急管理体制就显得更为重要，韧性社区的应急管理体制如图 6–2 所示。

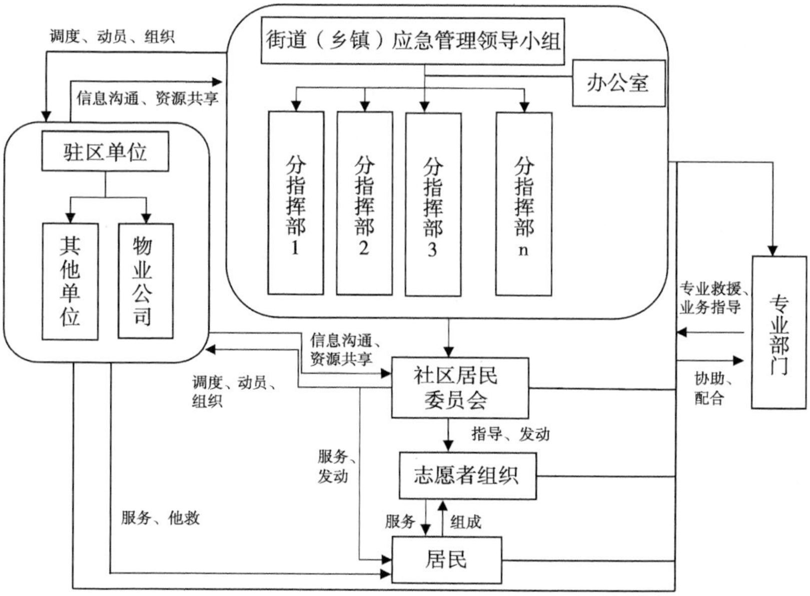

图 6–2　韧性社区的应急管理体制

（一）街道（乡镇）

街道（乡镇）在党委、政府的领导下成立应急管理领导小组，设置专职人员，落实应急责任。街道（乡镇）应急管理领导小组下设若干分指挥部，各分指挥部要服从指挥，指挥的指令统一由区（县）专项指挥部发出。各指挥部要根据实际情况调度成员单位，配合协助专项指挥部处理突发事件。

应急管理领导小组还要根据责任清单落实专项指挥部和各分指挥部的应急责任。应急职责应该采取“谁主管、谁负责”的原则，一般由相应职能部门的主要负责人担任组长，全面负责本管辖区域内突发事件的信息获取、上报、处置和恢复等工作。

（二）社区居委会

由社区居民委员会牵头，整合业主委员会、志愿者组织、社区团体、物业公司、居民和驻区企事业单位等社区应急力量，组成应急工作小组；在预防阶段，开展应对突发事件的应急知识宣传教育和培训等活动；在准备阶段，协调和配合各专业部门的专项检查；在响应阶段，发动一切可以发动的力量，积极配合专门部门的处置；在恢复阶段，及时、准确地向上级部门汇报受灾情况，寻求社会力量的帮助和支持等。

应急工作小组既要充分调动志愿者的工作积极性，还要发动群众，发挥群众工作的优势。在实际工作中，应急工作小组主要分为信息报告组（负责信息的及时、准确传递）、秩序维护组（负责维护突发事件发生后的秩序，做好对居民的身心安抚）、专业队伍引导组（负责为专业的队伍进行路线等的指引）、善后处理组（负责突发事件的灾后重建和恢复等）。社区居委会要根据需要将工作人员、群众和志愿者分配到相应的职能组，充分发挥大家的主观能动性，沉着迅速应对社区突发事件。

（三）驻区企事业单位

驻区企事业单位虽然在法律责任上属于弱相关者，但是它们有完整的内部管理体系、相对固定的地域范围、支配程度非常高的内部资源，因此在面对突发事件时，街道（乡镇）应急管理领导小组要做好驻区企事业单位的调度、动员和组织工作，驻区企事业单位也要和领导小组进行及时、准确的信息沟通和资源共享，同时还要做好与相关专业处置队伍的协调等工作。

（四）专业部门

专业部门是指在突发事件发生时，能够作出专业响应与处置的部门，它们都具有特定行业的专业处置能力和管理职责。专业部门需要对突发事件进行专业救援业务指导，社区居委会要协助配合好专业部门的相关工作。同时，专业部门还要对企事业单位、社区居委会和街道（乡镇）进行安全隐患排查与处理、事故灾害的预测预警和事故发生时的业务指导等工作。

（五）志愿者组织

志愿者组织里的每个人都是无偿地自愿为他人和社会提供服务，是社区面对突发事件的重要响应人。志愿者组织需要从科普知识的宣传教育、应急知识的培训演练、安全隐患的排查处理、信息的报告处理、事中的应急响应、事后的协同救援和灾后服务等方面展开学习。志愿者组织是面对突发事件时可以动员的最有效的力量，可以协助社区等部门开展应急响应和处理等工作。

（六）社区居民

基层应急管理体系中最主要的自救互救群体是社区居民，社区居民应不断提高应急意识，学习应急知识，掌握应急技能，当突发灾害发生时做好自救与互救。志愿者组织的成员有一部分是来自社区居民，掌握扎实自救互救知识的居民可以申请加入志愿者组织。

三、韧性社区的应急管理机制

合理的应急管理机制，可以保障社区的高效运转，可以提升内部协同能力和自我调节能力。

（一）建立社区风险管控机制，构建社区韧性防护网

建立社区风险管控机制是社区韧性建设最重要的环节，是基层应急管理工作的重要内容，是基层编制应急预案的重要依据。社区风险管控机制主要包括基层安全现状的调研与分析、危险源的辨识与评价、风险级别和管控措

施等内容。另外，在建立社区风险管控机制的基础上，还要发现、预防和治理可能降低韧性的因素。降低韧性的因素可能来自社区组织架构，可能来自社区的物理空间，也可能来自社会环境等，通过分析、判断这些因素，尽早干预和处理，可以让社区更具有韧性。

（二）建立社区监测预警机制，细化基层各类预警响应措施

建立社区监测预警机制，是减轻人员伤亡和事故损失的重要环节。突发事件监测体系一般是由政府部门、监测网点、专业机构、社区居委会和社区居民等组成。监测体系可以由社会监测和专业监测相结合构成，因此，要提高社区内有关单位责任人和居委会的责任意识，明确每个人的职责分工，注重应急信息报告员、安全风险举报奖励等的制度建设，在社区内部建立信息收集和举报点，配备应急信息报告员（专兼职皆可）。还要加强信息报告员、监测员等相关人员的监测预警知识培训，提高相关人员的监测预警能力，形成安全、快捷、高效的信息报送体系。社区内有多种形式的预警信息发布手段，比如广播、微信群、QQ 群、抖音账号等。社区要想办法扩大预警发布渠道，充分动员社区内的力量，解决预警发布可能存在的各种问题。完善社区监测预警机制，实时、动态监测预警韧性因素的深化过程，细化预警响应措施，规范协调联动机制。

（三）建立应对机制，发挥社区在辅助处置和先期处置方面的优势

辅助处置和先期处置是社区在面对突发事件应急响应时常见的处置方式。一般以辅助处置为主，先期处置为辅。辅助处置时，应当发挥好良好群众关系和对社区了解的优势，发挥好社区的主观能动性，另外还要做好社区的现场保护、协助和善后处理工作。社区还要提高先期处置能力，建立合理调配、密切协作、快速反应的工作机制，注重与各部门的信息协调和联动，将工作机制卡片化、流程化，落到实处。

（四）建立应急协同与合作机制，提高应急响应、处置与恢复效率

在面对突发事件时，韧性社区需要协同空间、时间和功能结构等因素，使社区在最短时间内恢复到正常状态。在专项应急处置到位前，信息上报和先期响应方面的先期处置工作有利于把事件损失、人员伤亡和财产损失降到

最低。在突发事件处置过程中，社区需要把社区内的各类信息进行汇总并传达出去，协助应急指挥部开展工作，建立完整的协同合作机制，定期召开沟通联席等相关会议，明确各自在突发事件应急中的职责和分工。制定可操作性强的机制和预案，要每年进行 1 ~ 2 次应急演练，在演练中加强磨合，不断总结演练的不足，修订完善预案，从而在突发事件发生时，才能实现各部门的协调联动。

（五）建立有效的信息沟通机制，提升社区组织结构间的信息对称性

信息沟通机制包括社区内信息交流和社区外信息沟通。社区内信息交流主要是指社区内信息的高效沟通。社区外信息沟通主要是指社区与外部的组织机构的信息沟通交流。建立包括电视电话和计算机网络等的通信网络，有利于社区内外的信息畅通。社区还需要收集社区危险因素、应急资源和信息等内容，传达已有的信息并对收到的信息进行反馈，从而提升社区组织结构间的信息对称性。

（六）建立社区价值重构机制，营造全社会参与韧性提升的氛围

建立社区价值重构机制主要是要引起更多的人对社区韧性的关注度和参与度，推动基层社会整体安全，推动社会公益等价值观的价值重构，营造全社会参与韧性社区建设的社会氛围。建立社区价值重构机制的主要内容有：开展针对社区居民的应急教育活动；发动居民、企事业单位和社会组织做好突发事件的预防准备和应急响应工作；组建一支救援知识和技能水平高的志愿者队伍；制定应急预案，定期开展应急演练；运用市场机制，让更多的社会人员参与应急管理和服务工作。

第三节　韧性社区建设路径和实践

各种灾害应急中暴露出的社区建设短板，更加彰显出建设韧性社区的必要性和迫切性，在此基础上通过规划优化，建立能够承受灾害和恢复健康的强有力的韧性城市，可以成为提升基层应急能力的重要抓手。我国在防灾减灾方面相继出台了一系列的规划和制度，公众开始关注韧性社区的建设，韧

性社区是社区发展追求的理想状态，建立能够承受灾害和恢复正常水平的强有力的韧性社区，是提升基层社会应急能力的重要抓手。

一、韧性社区在复合风险治理中的主体行为及其效果

现如今，社区面临的风险危机具有复合型的特征，风险应对难度有所增加，传统的刚性治理模式在应对现在的灾害风险时无法达到有效治理的效果。突发事件和各类风险呈现出跨区域、跨领域等新的特征，由单一风险向综合型的风险演变，由自然引发的风险向自然与人类共同引发的风险转变，由单一地区的风险向全流域风险转变。风险的复杂性和不确定性越来越突出，风险的重构性越来越强，风险灾害的潜在复合性越来越难分析，风险灾害的致灾因素的分析难度不断加大。研究学者开始关注如何阻止灾害的演变，如何减少各种风险因素发生的可能性，其中在复合风险中实施韧性治理是很多学者关注的焦点。

社区是灾害发生时作出应急管理和处置最近的关口，社区也是最快时间内感知灾害事件的前沿阵地。为真正实现风险防控时的多元合作、协调联动，社区必须构建起复合风险管控的应急管理机制。

下面介绍几个典型的韧性社区在复合风险治理中的主体行为及其效果。

（一）深圳市福田区莲花街道紫荆社区

深圳市福田区莲花街道紫荆社区，其韧性治理主体行为与建设维度主要体现在以下两个方面。

一是把重点放在“平安前哨”。面对具有复合性、不确定性与高度复杂性特征的社区风险，把重点放在风险的识别与脆弱性分析上，探索有针对性、可操性的风险应急预案与治理路向，使社区应对风险工作“关口前移”，重点从源头排查潜藏的复合风险，进行动态查漏补缺。同时，结合新技术手段构建智能平台，织牢治安防控“安全网”，尤其是对突发或连续发生的复合风险能够做到分析研判预案靠前，把有效组织居民开展自救和互救作为重要抓手。对社区面临的复合风险变化作出更细致的阶段性分析，有效协调各部门的救援活动，保障信息沟通渠道的畅通，以便在风险来临前开启监控追踪预警功能。

二是注重党群联动、群防群治的社区治理体系，加强基层党群服务中心

建设，因地制宜创新和推动党群联动，筑牢群防群治的防线。切实提高社区风险应急精细化治理水平，提高空间转换冗余度，完善应急物资储备标准。

（二）北京市东城区交道口街道交东社区

北京市东城区交道口街道交东社区以社区为主阵地、以网格为主战场，推行“核心 + 防线 +N”的工作模式。其中“N”指的是社区内部的防护网。该社区划分细致网格，实现社区网格全覆盖，落实网格防控，还根据网格情况建立了网格党支部，最后建成党建引领、全员参与的一网多能、多网联动的社区安全治理模式。该社区在构建结实的内部防护网的基础上，注重预警信号的监测，针对可能产生风险的事故隐患和风险形式采取有效措施及时消除，以减少复合风险造成的损失和伤害。该社区不仅做到了网格的精准服务和智慧技防，做到了技防和警网的协调联动，还做到了科学、精确、全面的风险防控，为其他社区进行网格党支部体系的建立和组织韧性的建立提供了新思路。

（三）湖北省武汉市江岸区百步亭社区

湖北省武汉市江岸区百步亭社区强化党建引领，运用“六步”议事法，通过多种联动会议，建立风险“收集、转接、处理、反馈”的循环机制，确保“线上有反应，线下有响应”。该社区的突出特色是首先对预测到的风险进行收集，再根据复合风险叠加的危险性、风险的跨区域扩展性、承灾体的脆弱性和致灾因素的快速转移性等特点划分风险等级，之后把风险转接到专业人员和专业部门进行处理，最后进行处理情况的反馈，形成了“收集、转接、处理、反馈”的风险闭环处理。同时该社区还做到了“检测快、流调快、编组快、运转快、隔离快”的快速响应机制，闭环处理和快速响应使该社区面对复合风险时能把损失降到最低。另外，该社区注重居民的自救互救知识和技能的培养，注重文化韧性的建设，注重应急预案的落实和应急演练的总结思考，构建出了“全民讲安全、人人会应急”的应急管理模式，提高了社区面对复合风险时的应对能力和水平。

除了上面提到的三个社区，还有江苏省南京市江宁区江宁街道盛江社区、四川省都江堰市银杏街道壹街社区、浙江省宁波市江北区慈城镇云鹭湾社区（以下简称云鹭湾社区）等地在复合风险领域进行了有益的探索和实践。盛江社区通过“江小格”（智能机器人技术和微信群平台）打造网格员和居民线上交流平台，实现了突发事件快速响应、分析研判。壹街社区制定了四类应急预案，落实责任、明确分工、广泛参与，形成了社区、楼宇、家庭三级应急网络。该社区分为六个综合网格，由“网格委员 + 网格专员”组合为六对网格员，实现了网格化全覆盖。云鹭湾社区构建了“一表三清单”、三社联动排查风险体系，注重社区演练，加强全员培训，注重大数据的更新和监测，用数据说话，防微杜渐，消除隐患，提高了社区复合风险应对能力。以上社区的探索性尝试，有利于我国基层社区对复合风险应急响应机制进行转型升级，有利于研究复合风险的应对机制和措施，有利于基层社区安全风险防控治理。

二、基层社区在复合风险治理中面临的挑战

社区风险治理是一项涉及风险防控机制、防控能力、风险安全、公共服务、信访、环保、综治、智能技术等多重治理的复杂工程和系统工程。基层社区在应对复合风险时面临的挑战主要有以下几个方面。

（一）社区复合风险治理机制不完善，复合风险治理理念落后

基层社区因为在风险治理理念和思路上缺乏整体推进和系统谋划，所以在能力建设、风险治理和机制创新方面也存在明显的不足。一是社区复合风险治理机制不完善。街道和社区居委会之间一直存在着指导与被指导的关系。社区在现实中经常要做各种行政工作，还要完成街道办事处下派的各种任务，导致社区的自治管理和自治性被降低，社区无法与多元化的治理结构相适应，社区的风险治理大多数仍停留在危险管理的状态。危险管理通常是事后管理，不能真正意义上把风险扼杀在初期，做到早预防、早处理，是一种重救轻防的管理理念。另外，社区开展了丰富多彩的文化、艺术、娱乐、体育和心理等方面的活动，引起居民的关注和参与，但应急知识的宣传教育和应急技能的培训开展较少，很少开展自救互救技能培训和应急演练等活动。由于缺少风险应对、自救互救、应急演练等方面的活动，社区的风险处置能力欠缺，风险预警和报警的响应速度慢，风险治理效果差。

二是复合风险治理理念落后。目前，很多社区还在采用传统的“二元治理”模式，街道等政府部门让做什么就做什么，缺少对复合风险和复合风险

治理理论的认识，缺少对治理主体多样性和风险共同体等的认识。而复合风险的治理理念需要加入共同体的内容，需要广泛动员社区内的教师、医生、律师、工程师等居民参与，组建专业化志愿者队伍，通过 QQ 群、微信群、线下组织等形式，为社区居民提供复合风险的专业应对技能培训、防护自救互救技能培训、法律咨询等专业服务，逐步提高社区居民在面对复合风险时的应急意识，建设多元全体应急与响应一体化模式。

（二）社区复合风险的应急预案可执行性不强，风险治理能力有限

社区对复合风险的韧性治理，主要体现在对不可预知风险的适应性，对不确定扰动因素的预见性。社区只有编制了科学的、适用的应急预案，才能提高应对复合风险的适应性和预见性。应急预案的应急培训和演练能够提高社区风险应对能力，增加社区复合风险韧性治理的冗余度，提高系统的稳定性。有关部门统计发现，一部分社区仍尚未编制切实可行的应急预案，或者编制了预案，但预案可操作性不强，在应对复合风险时无法发挥风险防控的协调性和配合度。

同时，一些社区对复合风险的认识不足，不能化解风险安全隐患，不能将复合风险遏制在早期阶段。还有一些社区只会运用刚性治理手段（如强制管制和硬性控制等），缺少运用柔性治理手段（比如理智疏导、情感治理等）。

（三）智慧社区建设不到位，信息技术治理和服务问题多

智慧社区是充分应用大数据、云计算、人工智能等信息技术手段，整合社区各类服务资源，打造的基于信息化、智能化管理与服务的社区治理新形态。在实际的社区智慧化运行过程中，存在着智能技术人才缺失、信息技术碎片化，社区在提升技术过程中盲目跟从、对智慧社区理解错误、线上线下机制不能融合等问题。个别社区对智慧社区的理解不够（仅理解为简单的硬件设备自动化），还有社区认为只要增加硬件投入和完成技术更新就能实现智能化，因此盲目提升硬件，致使大多硬件设备成为摆设，不能发挥应有的作用，使设备安装的程度和实际运用程度出现不匹配的问题。基层社区在智慧社区建设方面还存在以下几个问题：一是信息技术治理和服务精准度不够。社区在应对复合风险时要求精准传递信息，但实际传递过程中存在不同层级信息内容和需求差异比较大的问题，阻碍智慧社区技术治理精确度和服务准确

度。二是社区智慧应急管理未真正落实。一些基层社区管理人员在应急管理方面不能将信息技术真正用于提高社区智慧治理的效率，不能对数据资源的价值进行深度挖掘，应急管理只是停留在文件层面，未真正落实应急管理政策。三是人、机、物等信息化的管理和服务的协调性不足。由于社区技术人才、应急机制、应急资源设施的冗余度不足，应对复合风险的信息收集、上报和传达方式仍较为传统，风险监测、预防和分析的技术治理手段应用不足，阻碍了信息管理和服务平台协同机制的搭建。一些社区信息分享和预警机制的缺失使得社区无法及时了解社区居民受风险影响的状态，也不能及时有效地传递风险变化信息，缺乏充足的技术制度设计和风险治理机制安排，难以实现对风险的精细化研判，表现出相应的滞后性。社区应急物资、应急设施、避难场所等风险应急治理的技术化场景设施不畅通，大规模新应用场景支撑服务能力不足。

（四）社区社会资源协调困难，联动机制有待提高

据统计，2022 年，我国各种自然灾害共造成 1.12 亿人次受灾，因灾死亡失踪 554 人。我国自然灾害以洪涝、干旱、风雹、地震和地质灾害为主，台风、低温冷冻和雪灾、沙尘暴、森林草原火灾和海洋灾害等也有不同程度的发生，这说明我国风险灾害形式多样，形势复杂严峻，基层社区的应急管理工作面临着巨大的压力。

社区复合风险治理是一项要居民积极参与、社会组织、街道等相关职能部门协调配合的系统工程。基层社区在面对复合风险时，其脆弱性明显地呈现出来。基层社区作为风险管理的承灾载体，在复合风险的治理上存在着基层权责关系不清、部门协调较差、条块分割明显等问题。社区各专业社会组织和社区工作人员是应对重大复合风险事件的有效力量，在处置风险危机事件时，社区、社会组织、物业、业委会以及社工之间难以及时协调、有效联动，导致基层社区复合风险治理的专业资源不足。加之城市社区人口密集、关系错综复杂、矛盾琐碎多发，管理难度较大，治理主体之间各自独立、治理机制衔接不畅、治理方式相互排斥、治理行为难以联动等，导致社区在风险治理的过程中经常出现碎片化问题和治理结果虚化的现象。减缓与消除基层社区风险是全社会参与合作的结果，需要调动社会各方面的力量，形成多主体合作联动的治理机制是基层社区风险治理的题中应有之义。在基层治理

中，无论是对于基层社区常态化下的风险隐患排查、日常工作协调，还是突发风险事件的处置应对，传统固化的条块分割、部门各自为政的现象依然存在。特别是在面对一些重大的复合风险事件时，基层社区在对复合风险的感知、预防、预警、监控和处置等重要环节缺乏高度协调的联动机制和整合共享机制。加之基层应急管理职能尚未整合到位，风险应急协调能力、快速反应能力与资源整合能力有待进一步提高。此外，基层社区本身缺乏专项应急资金，筹集应急资金的渠道单一，复合风险事件防控能力不足，导致基层社区在复合风险发生时难以形成良好的多主体协同治理的局面。从基层社区突发风险治理工作的现实来看，风险防控治理是一项系统性、复杂性工作，不仅需要社区居民的广泛参与，更需要基层街道（乡镇）、相关职能部门、公共企业和社会组织的紧密配合。但实际情况是，基层应对风险治理工作的部门衔接不够紧密，预测预警与风险的联动治理、决策与研判的能力依然不足，还没有形成事前监测预警、事中快速反应、事后协调联动的机制，存在“头痛医头、脚痛医脚”的现象。

三、韧性社区建设路径

按照韧性理论构建韧性社区，重点在于打造网格化参与路径，保障社区资源有效整合，注重智能化韧性治理，通过自上而下和自下而上相结合，积极吸纳更多社会力量参与，拓展树立技术应用场景等行动路径，提升基层应对风险能力，保障社区应急治理效度。

（一）加强和完善社区制度建设

社区治理能力的提升和制度化建设有密切的关系，完善明晰的制度可以有效提升社区的治理能力，发挥社会力量、社区居民等的主体作用。常见的社区制度包括正式制度和非正式制度。正式制度建设是指通过制度与法律等方面的建设逐步规范社区的治理秩序。正式制度建设是社区可持续发展和良性发展的基础保障。正式制度建设的首要任务是社区治理主体的准入监管，只有规范了多元主体的参与活动，加强审查社会组织的准入资格，才能避免公共利益受损。其次是使社区治理人员能够用全局中性思维进行社区的宏观调控，保证社区的公平竞争和合理发展。总之，社区只有在明晰、规范、合理的制度下才能对多元主体实行监管，真正做到有法可依、有法必依，为韧性社区的建设提供法律依据。非正式制度建设是指通过社区培育、街道办组织、居民自发组织、居委会牵头等方式建立的通过习惯、道德等约束的制度，非正式制度可以激发公民意识、保障社区秩序，让社区充满活力。另外，非正式制度也要通过备案和审批，以使其越来越规范。

（二）构建权责明晰、高效联动、上下贯通、运转灵活的韧性社区新体系

目前，基层社区面临的复合风险挑战异常艰巨而突出，防控重大风险、解决重大问题的压力也空前巨大。要在风险防控链条各环节确立社区党委、网格党支部、楼栋党小组、党员中心户的纵向组织体系，强化党建引领嵌入各个层面，发挥好社区党委会、居委会、业主委员会等多元主体的风险治理职能，打造权责明晰、高效联动、上下贯通、运转灵活的社区应急治理指挥体系，加快数字化技术推动党建引领、社区自治、居民参与相融合，深入探索重大危机事件中的“街乡吹哨、部门报到”机制，精准织细“网格化管理”，积极探索“组团式服务”等新模式。

（三）全方位打造智慧服务综合平台，构建“互联网 +”韧性社区系统，实现动态监测精准防控

社区要建成真正意义上的智慧服务综合平台的首要任务是更新社区居民、政策执行者和社区管理者等的理念，使社区居民、政策执行者和社区管理者等人员真实感受到智能化引入在复合风险治理上的优势和便捷，让智能化平台更好地为社区居民、政策执行者和社区管理者等人员服务。建设高效、快速、共享的智慧服务综合平台，是社区管理人员从经验管理向智慧管理转变的关键。另外，还要在智慧服务综合平台的基础上构建“互联网 +”韧性社区系统，建立和完善预测预警系统，通过系统的建设实现动态监测、精准防控。预测预警系统强调信息传递的及时性和准确性，以智慧系统链接人员和资源，整合社会资源和行动主体，发挥智慧服务综合平台的数字化、精确化、动态化的能力，以便在应对复合风险时作出准确、及时的应急响应。

随着智慧社区、大数据等科技手段的快速推进，现代技术信息被普遍用于社区的风险防控。要想加快推进社区韧性建设，必须转变理念，全面提升社区治理主体对现代信息技术的学习和运用能力，在社区应对风险治理中不

断强化运用新技术、新手段。

（四）完善社区突发事件应急预案，设定韧性社区建设的前哨预警

及时做好安全隐患的排查和治理，做到智慧化的精确预测预警，才能在早期遏制复合风险隐患。提前做好预警才能有效响应，最大限度阻断风险扩散链条，将风险遏制在一个较小范围内。基层社区要制定切实可行的应急预案，在制定应急预案时要充分认识到社区的脆弱性和面临的风险因素。另外，社区还要定期进行应急演练和总结，定期对相关工作人员、志愿者、社区居民等进行应急管理的预案培训和演练，定期对应急预案开展专家评估和修订，不断在实践中检验提升预案的质量。

（五）增强应急物资保障，推进韧性社区建设

社区要加快社区基础设施建设，培养基层应急救援队伍。注重应急救援站的建设，根据复合风险的风险类型和程度配备必要的应急装备。另外，社区要增强应急物资的保障，加强社区应急救援物资储备，建设功能完善的应急救援储备库。加强政府引导、资金扶持、标准规范的应急物资供应机制，发挥市场机制，完善社会储备。在分析复合风险的风险类型、风险特点和风险致灾程度的基础上，动员社区居民、辖区单位、志愿者和社区工作人员等储备必要的应急物资。社区要积极开展应急救援产业、应急救援资源等工作的调查，统计分析社区内应急救援物资、救援队伍人数和救援产业等基本情况。

（六）完善复合风险的协同联动机制，组建社会治理共同体

社区处于条块管理交会点上，承担了条线下沉与属地所有的多重管理事务，社区治理作为国家治理体系的重要基础，从某种意义上说，社区治理水平直接反映了国家治理能力现代化程度。目前，社区经常受到各种复合风险的困扰，单一的个人或组织都难以应对复杂的、不确定的各种风险，这就需要动员政府、居民、志愿者等社会主体积极参与复合风险的综合治理。通过构建政府和其他社会主体的合作机制，真正实现各社会主体行动的协调一致，不断让社会各主体之间的关系变得和谐。只有在和谐的社会关系下，韧性社区的建设才能越来越好。

另外，社区要不断创新参与机制，让不同社会主体形成共赢和谐的利益

结构。不同的社会主体存在不同的利益关系和利益差异，各社会主体要明确自己的职责和功能，最终提高多元主体的参与深度和广度。社区治理过程需要建设人人有责、人人尽责、人人享有的社区治理共同体。人人有责是指人人都有责任和义务参与社区的治理过程，有责是一种责任意识，不仅要积极参与，而且要发挥作用。尽责是指把责任意识转换为具体行动，尽最大努力把社区的事情做好。只有人人都有责和尽责，才能真正建设和谐、有韧性的社区。

治理主体的公平参与是实现社区治理共同体的重要条件，主要表现为以下三个方面：首先，赋予多元主体一定的权利。传统的社区治理过程中，政府起主导作用，其他的市场主体、社区组织和社会主体缺乏参与的主动性和积极性。只有赋予一定的权利，才能改善多元主体的弱势地位，调动各主体参与的积极性和主动性。其次，增加多元主体的参与性。让多元主体参与社区规划、设计和建设的各个环节，在各个环节上让多元主体表达利益需求，提高政府、社会主体和市场主体的参与积极性。最后，还要创新协作机制。要想化解社区内各主体之间的矛盾，协作是最好的方式。因为协作能够让多元主体在资源配置、决策制定和行为协同等方面进行选择，最终获得最佳方案，实现政府和多元主体的合作共赢。社区治理共同体需要由社区党组织、社区居民、社区居委会、物业、社工、志愿者和社区企业等共同组成，形成职责清晰、反应快速、分工明确、多元联动的协调联动机制，避免“九龙治水”、各自为政的多重管理弊端，实现社区风险治理主体的多样性。

（七）治理者也需通过培训，提升其精细化服务的专业水平

社区工作者是社区治理的“头雁群”，需要持续不断地进行专业治理人才的培训，才能提升精细化服务的专业水平，提升服务意识。

可采取专题讲授、主题参访、主题沙龙、主题工作坊等多种方式开展全覆盖的培训，培训内容可以将个人能力提升与现实需要相结合，涵盖法治宣传、治安防范、民间纠纷调解、归正人员帮教、流动人口服务管理、无毒害社区创建、消防及安全生产、场所特业管理、协助公安政法机关办案等内容，紧贴基层工作实际需要，重点围绕基础信息采集、特殊人群管理等功能模块进行全面讲解，指导网格员在日常巡查过程中发现各类隐患和风险，最大限度地将问题消灭在萌芽状态。同时培训也可以加强对社区治理理念的理解、

模式的学习、方法的借鉴、经验的交流，将社区发展方向与政策导向相结合，将居民需求与服务提供相融合。

四、韧性社区建设实践

韧性社区建立以创新基层社区安全风险治理体制机制、推行分区域特征的社区安全风险治理模式、强化巨灾情景下“去中心化”的基层应急能力建设，鼓励社会力量参与，实现治理主体外移。

北京市大兴区亦庄地区正在通过数字化应急体系和智慧物联系统建设，打造“韧性城市”，让社区居民的家园能够化解和抵御外界的灾害或冲击。打造“韧性城市”，首先要对社区安全进行体检，对设施风险按单元进行“望闻问切”。目前，依托大数据技术，亦庄地区实现了对社区变配电室、消防设备、停车场、建筑物等的监测，大数据可实时显示辖区风险源位置、类型、等级。其次开展重点人群韧性测试、社区环境（实质环境、应急环境和人际环境）评估等。亦庄地区绘制了基于韧性视角的社区风险地图，标注了社区风险点位，向居民告知本社区主要风险及注意事项，社区应急资源信息，社区紧急事件联系方式及常见突发事件处置流程，防灾减灾常见标志、符号以及社区疏散路线等内容。依托综治网格指挥中心，亦庄地区通过大数据等技术手段，建立“七有”“五性”社区风险管控平台，为社区安全与社区治理提供高效数字化服务。另外，亦庄地区还建设了数字化预案系统，该系统的框架设计是建立在“平战结合”原则上的，数字化的预案和应急资源的调取非常方便，不仅满足了社区日常管理工作的需要，还能满足对各种不确定性风险因素的分析。

2022年江苏省南京市建邺区应急管理局与南京信息工程大学法政学院合作推进开展兴隆街道上新河韧性社区示范创建工作，在全国综合减灾示范社区的基础上创建韧性社区，实现常态化治理与应急治理动态衔接。

上新河社区凝练出“一核五维七驱动”的韧性社区模式，打造空间韧性、制度韧性、主体韧性、文化韧性、技术韧性。

在打造空间韧性方面，上新河社区将社区绿色、休闲公共空间作为居民交往、文化营造的场域，在学校操场、大型会议室等场所安装应急逃生标志。提升社区设施稳健性和物资保障性，形成社区—学校—超市—家庭应急物资“云仓储”模式。

在打造制度韧性方面，上新河社区形成了“社区大党委—网格党支部/物业党支部—楼栋党支部”三级组织架构，制定了应急规章制度，社区编制总体应急预案、分类应急预案共 8 个。重点做好基础大数据，对“网格 + 警格”“网格 + 应急格”进行“网格 +N”功能融合创新探索，梳理“平战结合”类网格员工作清单，建立社区“应急吹哨人”制度。将 10 个网格精细划分为 29 个微网格，发挥“靶向服务 + 应急”的作用。

在打造主体韧性方面，上新河社区组建常态化“新和心愿志愿服务队”。以社区志愿者队伍为核心，吸纳 2 家红色物业、2 所学校、1 家社区诊所、1 个消防站等共建单位的志愿者，形成“一核四翼”群防群治的社区志愿队伍格局。打造“红十字”博爱家园服务阵地，成立上新河“安之翼”应急小分队。

在打造文化韧性方面，上新河社区打造“和美”应急文化广场，开展常态化应急宣传和应急技能培训，应急文化进家庭、进校园、进租户、进单位。向脆弱群体发放应急救援包，建立“1+4”应急联系制度等。

在打造技术韧性方面，上新河社区依托人脸识别、高空抛物摄像头、烟感报警、电动车梯控、一键报警“应急五卫士”，筑牢“安全盾”，建立社区“应急预警网”，实现“广预警”，开发社区“小韧通”，实现智慧应急“高效化”。

上新河韧性社区的示范创建，发挥了高校团队在基层应急治理中的前瞻科研优势，深化校地合作，为基层社区应急建设提供了新思路、新方向。同时也是推进建邺区安全韧性城市建设的重要内容，做实了建邺区安全韧性城市在基层应急工作的拓展。

与传统社区相比，韧性社区改进后在建设目标上更多元化，注重自我修复；在空间环境上品质提升，自成微气候；基础设施建设提升；管理治理也更为人性化、更加精确高效。

建设韧性社区相关指标及包括评价标准、评价模型和评价方法在内的评价体系并付诸实践，有利于直接有效地提升社区应急管理能力，增强社区治理效能，为社区韧性体系建设指明方向。

从物理韧性、制度韧性、组织韧性、文化韧性、技术韧性等方面打造社区韧性，不断提升韧性的建设策略，最终把现有社区建设成自组织、自适应和自我恢复的韧性社区。

第四节　韧性社区评价

韧性社区评价体系的构建是学者和科研机构对韧性社区研究的重点课题。科学、合理的评价体系能够为各社区的韧性建设提供方向。

一、韧性社区的概念模型

韧性社区的概念模型（如图 6–3 所示）主要用来分析社区韧性作用的各个阶段及具体表现。如果将危机事件的发生分为危机前、危机中和危机后三个阶段，那么社区韧性表现为：危机发生前社区在人口、环境、结构上的基础承灾属性；危机发生过程中社区通过学习、反馈和自组织，发挥出社会资本作用、危机认知能力、应急抗灾能力和适应转化能力，采取关键措施，调动各类有效人力物力，不断抵抗并降低危机的影响力和破坏力；危机发生后社区开始重建和恢复，逐步重回令人满意的状态。

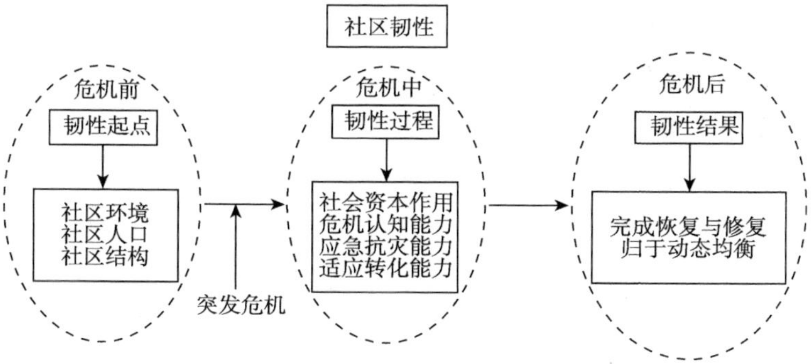

图 6–3　韧性社区的概念模型

社区韧性水平的评价方法引用了安全领域常用的评价方法，比如层次分析法、德菲尔法、模糊综合评价分析法和熵值法等用于安全评价的方法都在社区韧性评价中被广泛应用。这是因为韧性社区也强调安全、和谐社区的建设，和安全管理在一定的意义上具有相通性。社区韧性评价指标和评价框架的构建也是韧性社区评价过程中的重点内容。社区韧性评价框架主要从三个阶段、四大维度的十一个分项指标进行构建，如图 6–4 所示。

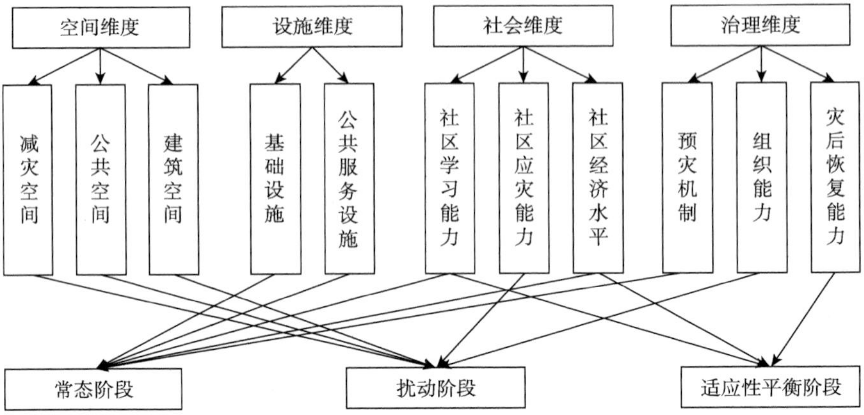

图 6–4　韧性评价框架

首先是常态阶段。常态阶段主要包括设施维度中的基础设施和公共服务设施，社会维度中的社区学习能力、社区应灾能力和社区经济水平，还有治理维度中的预灾机制。常态阶段主要是评价社区的脆弱性和韧性能力。治理维度和社会维度的常态阶段指标有助于使社区准备充分。设施维度的常态阶段指标有助力于提高基础设施和公共服务设施的智慧化水平，基础设施的智慧化有利于对设施设备的安全隐患进行及时、动态监测，公共服务设施的智慧化有利于社区的适龄化改造，有利于使社区居民在应对各种复合风险时及时采取必要的措施，有利于提高社区居民的应灾能力。

其次是扰动阶段。扰动阶段主要包括空间维度中的减灾空间、公共空间和建筑空间，还包括社会维度中的社区应灾能力和治理维度中的组织能力。当社区的平衡状态被复合风险等外界因素破坏时，社区的空间维度因素与政府和民间组织的应急响应速度及应急响应能力显得尤为重要。社区的扰动阶段考验社区空间承灾韧性能力、组织响应能力和应灾韧性能力等。社区空间承灾韧性能力主要通过承灾体的韧性能力进行呈现，社区的应急响应能力主要通过政府层面和民间层面的应急组织能力、协同联动能力和应急响应能力等方面进行呈现，社区的应灾韧性能力主要通过社会的整体应急水平和个人的应急能力等进行呈现。该阶段还包括应急预案的制定和应急队伍的建设。

最后是适应性平衡阶段。适应性平衡阶段主要包括社会维度中的社区学习能力和社区经济水平以及治理维度中的灾后恢复能力。适应性平衡阶段是在扰动阶段过后，社区慢慢恢复常态的阶段。该阶段的恢复情况主要受社会层面经济活动，社区居民整体经济水平，适应和恢复能力等的影响。

这四大维度外，在评价社区韧性时还要考虑社区制度建设、韧性社区体系、应急物资保障、协同联动机制、资金保障能力、社会群体学习能力等维度。

二、指标体系的构建

韧性社区建设是以“人本思想”为基础，以“科学发展观”“治理理念”为指导，强化社区应急管理能力的新思路。推动社区韧性建设的目标是在有效抵御危机的基础上，为社区发展谋划新机遇和新未来。通过社区韧性建设，可以使社区具备灾害预防、响应和恢复的能力，能够避免居民遭受人身伤亡和财产损失。韧性社区信息畅通、充满活力，将是适合人类居住的社区，是社区发展的未来趋势。社区韧性评价指标体系构建的目标就在于为社区的韧性建设提供科学依据以及相对具有操作性的指导建议。对现有社区韧性水平进行测量与评价能客观展现出社区不同维度的韧性情况，基于此，管理者可以结合评价结果有针对性地改良社区应急管理体系，提升社区应急能力。选取具体指标时，要把国家的法律法规和政策文件等内容进行综合考虑，如有必要，还要考虑国内外的韧性社区的评价标准。

（一）建构原则

社区韧性问题涉及个体、群体、组织、社区、社会、文化、环境、经济等多个方面，影响因素繁多，因此构建科学合理的评价体系是一项非常复杂的工程。韧性社区评价指标体系的选取要和我国国情相适合，遵守一些基本原则。

1. 科学性

指标的选取要符合科学规范，要想科学合理地评价韧性社区的真实情况，任何一个指标的选取都要有翔实的科学依据。并且，指标的划分既不可过细又不可过于简省，要避免不同类别下指标间存在冗余，要确保相同类别下指标具有一定关联。

2. 系统性

社区作为城市或社会的一个子系统，必然受到其他子系统的影响，同时，居民个体作为社区的分子，其突发危机应对能力与社区应急能力密切相关，因此社区韧性评价需要对社区环境从系统性的视角进行考察，断不可简单割裂来看。

3. 主客观评价相结合

社区韧性体现在危机生命周期全过程，其初始状态下物理层面的生态环境、基础结构和人口背景等客观要素能反映社区韧性的总体状况，并一定程度上可能会制约社区应急管理的潜力上限。除此之外，与居民个体感受相关的场所依恋、信任、沟通、协作等主观性指标也会影响社区韧性表现。因此主客观指标对于社区韧性评价都有着必要性，主客观相结合的指标体系更能提升评价的合理性和准确性。

4. 适应性

当前国内外社区韧性研究越来越多，但相关评价指标体系都有其对应的适用范围，各有差异。不可完全照搬国外研究中的指标选取和层次，要根据我国具体国情、研究对象的实际特征建立具有适应性的社区韧性评价体系。

5. 可行性

社区韧性指标的选取要符合社区的实际情况，相关数据搜集和统计分析必须能在现实中可实践、可操作。

（二）建构程序

社区韧性评价体系的建构主要包含两大任务：一是选取与选定指标要素，二是判断与确定指标权重。

1. 指标要素的选取与选定

社区韧性需要从多种维度、多个视角进行综合分析，但当前学界提出的相关要素众多，且总体比较分散，尚无系统成熟的评价指标体系出现。目前在选取社区韧性评价指标要素时，综合运用各种分析方法来构建完成指标体系。大体步骤分为三步。

第一步，指标初选。围绕前述指标体系的构建原则，从应急管理、社区韧性等相关概念入手，综合借鉴国外韧性评价八大模型（Bruneau 的 4R 模型、Renschler 的 PEOPLES 模型、Mcmanus 的评估模型、Peacock 的 CDRF 模型、Cutter 的 DROP 模型、Norris 的韧性构建策略、Leykin 的 CCRAM 模型、Pfefferbaum 的 CART 模型）以及国内有关社区韧性的法律政策、标准依据和研究成果，从不同的维度对社区韧性评价的初选指标进行选取。

第二步，专家修正。将初筛指标设计成问卷或其他形式发放给应急管理、社区治理领域的专家、老师。经过专家、老师互不接触沟通的多轮建议和修改，待意见趋同后，正式确定社区韧性评价的指标与指标层次。

第三步，评价体系检验。评价体系检验的第一步是将评价指标体系转变为问卷量表，第二步是把问卷量表发放给社区居民、社区内有关单位等主体进行小范围测验，第三步是对回收的问卷量表的调查结果做信效度检验。检验环节主要运用验证性因子分析法，进一步修正指标设计，确保指标体系通过检验，以应用于后续正式评估。

2. 指标权重的判断与确定

构建完科学合理的评价指标体系后，评价指标权重的确定是社区韧性评价的关键。常见的确定评价指标权重的方法主要有主观赋权法和客观赋权法两种。主观赋权法主要用于指标数量少、操作简单的评价。常见的主观赋权法有德菲尔法、相对比较法、连环比率法和相对比较法等。但是主观赋权法存在主观人为因素的干扰，如果评价指标数量相对较多，使用该方法，很难实现科学合理的打分。客观赋权法则克服了主观赋权法的这个缺点，指标权重的确定更加准确和客观。客观赋权法主要包括主成分分析法、熵权法和均方差法等。客观赋权法是一种在评价指数数量大和多目标决策等的情况下选用的比较理想的方法。这种方法不仅能让评价指标中的数据得以客观真实的呈现，而且能反映出评价指标中未显示的信息，这样就使得信息获取更加准确、全面。该方法还能使评价指标的分辨度提高，减少了指导差异造成的误差。

三、社区评价指标举例

韧性社区的特性包括以下四个方面。

社区稳定性：社区稳定性主要指当面对复合风险等意外灾害时，社区内的基础设施、避难场所等比较稳定，不会或很少受到灾害的影响。可通过检查社区是否在周边建构筑物倒塌范围内，周边是否存在火灾危险源，避难场所是否可以迅速到达、是否能够起到避难作用、是否能够满足社区内所有人员的避难等方面来确定。

社区鲁棒性：主要指社区抗扰性，即社区面临灾害时的承载力。例如，建筑物之间构件连接是否牢固，抗震防火性能是否达标，社区排水设施建设能否顺利启用，电线布局是否复杂凌乱，社区内是否有专职的应急管理人员，消防设施是否配套齐全，空间设施等是否进行安全隐患排查。

社区适应性：主要指社区内防灾智能化程度、社区内部自治救灾适应性。包括受灾监测预警情况，能否对各类灾害实时监测，并通过灾害预警平台向社区居民发布信息，居民是否有较强的防灾意识和自救能力等。

社区恢复力：社区恢复力主要是指灾后恢复情况，灾后恢复力主要受社会层面经济活动，社区居民整体经济水平，适应和恢复能力等的影响。例如，能否保障社区供水、供电、医疗等正常运转，能否在灾害来临前动员居民在家中储备物资，以及社区周边是否有可用救灾资源等，这些因素都会对社区恢复力产生影响。

根据韧性社区特性，智慧韧性社区评价指标体系可从社区稳定性、防灾避难空间、工程设施抗扰性能、防灾智能化程度、自治救灾适应性、应急保障恢复和救灾资源配置七个方面进行构建，如图 6-5 所示。

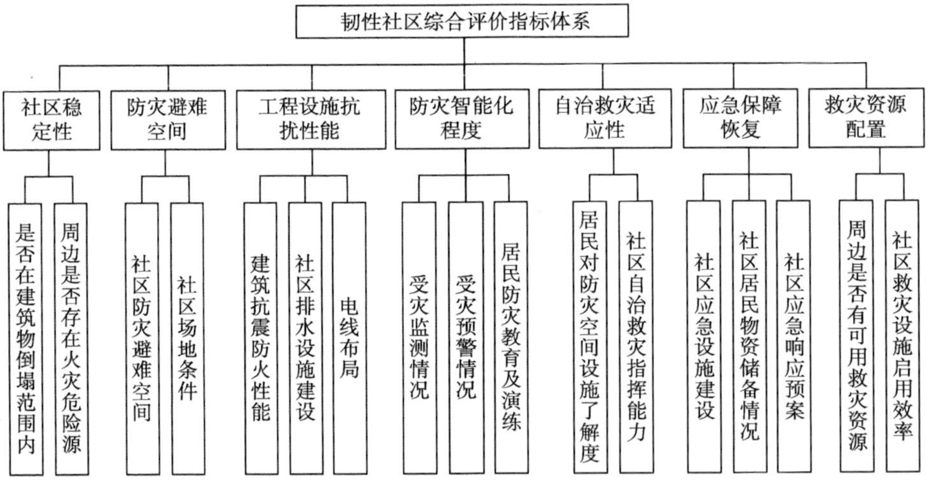

图 6-5 智慧韧性社区综合评价指标体系

第七章　社区安全文化建设与培训宣传

第一节　社区安全文化建设

社区文化的建设在社区公共治理过程中具有重要的作用，而社区安全文化是社区文化建设的重要内容。社区安全文化建设不仅能够营造良好的安全文化氛围，还可以提高居民的安全知识技能、应急响应能力和整体安全意识，最大限度地保障居民的人身和财产安全。

一、社区安全文化的内涵

国内外学者对安全文化的定义不尽相同，但是大家普遍认同的是安全文化是指人类在生产、生活、生存活动中，为保护身心安全与健康所创造的有关物质财富和精神财富的总和。国内外学者对安全文化达成一致的观点有以下几个：（1）和我们国家安全生产方针一致，都认同“安全第一”的思想。（2）安全文化存在于社区、单位和家庭的每一个环节里，是一项复杂的系统工程。（3）安全文化可分为不同的层次，从制度和实体等方面呈现。（4）安全文化是社会文化的重要组成部分，具有社会文化的特性和功能。（5）安全文化建设的目的是保护人的身心安全与健康，在建设过程中要把人的价值和单位的生产价值紧密结合起来。

近年来，越来越多的学者开始对社区安全文化进行研究，社区安全文化的建设内容日趋丰富多样，安全文化建设方式也不断更新。

二、社区安全文化建设的内容

（一）社区安全文化的价值观建设

安全价值观的确定是建设社区安全文化的首要任务。安全价值观主要包括以下几个方面：当安全与生产冲突时，首先选择安全；当安全与经济发展冲突时，首先选择安全；当安全与利益冲突时，首先选择安全。不做伤害他人安全的行为，不让别人的行为伤害到自己，还要树立正确的价值观，无论什么情况下，都做好自我防护，保护好自己，不伤害自己。

（二）社区安全文化的制度建设

社区安全文化的制度建设是指形成系统的规范行为的标准，对规范社区中社会组织、生产单位和居民的行为具有重要的意义。社区要根据自身的实际情况，在国家法律法规和行政条例的基础上，制定社区自己的规范制度。这些制度可以规范社区内的企事业单位、社区内的建设项目、社区居民的行为。社区安全文化制度建设的目的是使社区内的多元主体能够在安全许可的情况下有制度的约束，这些制度要简单明了、操作性强、有效管用。

（三）社区安全文化的行为建设

社会工作人员、教师、律师、志愿者、安全生产的从业人员和监管人员都要在一定的社区里生活，他们共同的名字是社区居民。他们要在社区中起到模范带头作用，不仅强化自身的安全意识，还要对社区里的行为进行安全引导，逐步提高整个社区的安全水平。社区安全文化的行为建设主要包括生产、生活和工作中的安全行为文化，具体表现为交通行人、生存救援、家庭生活等安全行为文化。比如楼道安全行为文化的建设，通过张贴安全警示标志，以及社区物业人员的正确引导，引导人们不堆放杂物、不乱丢垃圾、不影响楼道的畅通等。从小到大、从点到面，逐步完善社区安全文化的行为建设。

三、社区安全文化建设存在的主要问题

（一）社区安全文化建设资金缺乏

社区安全文化建设的首要问题是资金短缺问题。安全文化建设资金不足，就会影响和制约社区安全文化建设。社区的建设资金一部分来自社区经济收入和有偿的社区服务等项目，其余大部分来自政府，政府的财政拨款用到安全文化建设上的款项有限，社区筹措的资金能够分摊到安全文化建设上的少

之又少，因此解决资金短缺的问题是社区安全文化建设的关键。社区可以通过一些惠民的有偿服务来解决资金问题。例如，社区可以开设课后三点半、社区食堂等一些有偿服务或低偿服务，来补充社区安全文化建设资金。

（二）社区安全文化建设个性不突出

很多社区领导和工作人员认为社区安全文化建设就是举办一场安全讲座、安全沙龙，或者开展一次消防演练或地震演练。社区工作人员对社区安全文化的认识不到位，安全意识和理念有待进一步提高，在实际工作中，没有结合社区的地域和文化优势，更没有对社区现有的安全文化建设进行创新（个别社区甚至存在参观学习完优秀社区后，将经验直接照搬照抄地在自己的社区运用），这就使得社区安全文化建设个性不突出。

（三）社区安全文化建设创新性不足

全员参与是社区安全文化建设的重点和基础。安全社区和韧性社区建设的重点是以人为本，“人本”思想强调的是全员参与。只有提高了社区居民的安全意识和知识技能水平，在应对突发自然灾害等风险时，居民才能沉着冷静地想出好办法。要想促使全员参与安全文化建设，必须要创新载体。创新载体要注重安全文化的软实力和内涵的建设。安全社区只有不断创新、持续推进，才能让社区安全文化建设丰富多样，提高全员参与的积极性。

（四）应急文化建设体系不完整

长期以来，在政府主导型应急管理中，政府几乎承担了所有的应急管理工作，人民对政府的依赖性较强。虽然我国政府努力通过智慧化水平提高应急技术，但在应急管理中忽视了文化建设，使得人民群众的应急知识和水平缺少提升的渠道和机会。政府未真正意识到防灾减灾也是国民的责任和义务，只有全员参与应急文化建设，所有国民的应急意识都提高了，才能形成自主防灾的文化氛围。另外，我国没有形成应急文化建设体系。主要表现为没有详细的社区应急文化建设的规划，仅仅是搞讲座和活动，应急知识宣传教育的方式未实现多样化，重视宣传的形式，轻视效果和反馈。由于应急文化建设体系的缺乏，应急宣传教育等活动无法达到理想的效果。

四、提升社区安全文化水平的对策

提升社区安全文化水平的关键是形成社区安全文化的建设体系。社区安全文化体系的建设是涉及教育、经济、科学、社会管理水平和社区自身的实际情况等方面的一项系统工程，因此必须动员一切可以动员的力量，从多个维度采取措施。具体的对策有以下几个。

（一）加强安全资金投入，确保资金到位

社区安全文化建设的首要问题是保障安全资金的投入。要想保障安全资金投入，就要逐步完善财政扶持政策体系。社区安全文化建设是提升社区居民文化素质，促进社区发展的重要方面。为了确保社区安全文化建设工作的可持续发展，需采取一系列经费保障措施。首先是政府经费支持。政府作为社区安全文化建设的主要责任方，应当提供必要的经费支持。具体而言，政府可以通过增加拨款、设立专项资金等途径提供稳定的经费保障，确保社区安全文化建设的基本运行。其次是多元筹资机制。除了政府经费支持，社区可以积极探索多元的筹资机制，以增加安全文化建设经费来源。例如，可以引入社区消费税、设立文化基金会等形式，吸引社会资本的参与和支持。再次是合作与共享。社区可与周边社区、企业、非营利组织等建立合作关系，实现资源的共享和优势互补。通过合作共赢的模式，可以获得额外的经费支持，将社区安全文化建设推向更高水平。最后是社区居民参与。鼓励社区居民积极参与社区安全文化建设，并提供相关经费支持。例如，可以设立社区安全文化奖励机制，对居民参与文化建设的行为予以奖励，鼓励更多的居民参与其中。

通过以上经费保障措施的采取，可以确保社区安全文化建设工作的持续发展和提升。同时，我们也应当密切关注社区居民的安全文化需求，不断完善经费保障机制，为社区安全文化建设提供更加稳定、充足的经费支持。

（二）加强安全文化的宣传，营造良好的安全文化氛围

安全文化的宣传是社区安全文化建设的重要组成部分。要想做好安全文化的宣传，营造良好的安全文化氛围，可以从以下三个方面着手。

（1）探索安全文化宣传培训的新模式。各社区根据当地的实际情况努力

探索安全文化宣传新模式。如西湖社区拍摄电动自行车安全使用知识宣传短片《小美回家记》，利用新媒体、微信群等平台广泛发送宣传短片，全面提高广大居民群众的消防安全意识。成都高新区桂溪街道深入推进安全文化“进企业”，依托银泰城、悦坊综合体和北城香麓游园打造示范点位，探索形成企业安全文化建设“十个一”经验模式。霞美社区开展“新时代 新国安”全民国家安全教育日宣传活动，通过发放宣传单、讲解典型事例，向居民群众宣传有关国家安全的法律法规。蒋王社区创新开展“非遗话网安”系列活动，让扬州非遗文化和网络安全相融合，让“网络安全为人民，网络安全靠人民”的观念通过非遗作品进行展示并宣传。

（2）创新宣传模式。充分利用新闻媒体、抖音、微信群、QQ群、宣传栏、报纸、传单、条幅、传单和标语等形式宣传安全知识，提高社区居民的安全责任意识、应急意识和法律意识，使居民的安全应急知识与技能得到逐步提升。

（3）定期开展安全应急演练。通过联动消防、交通、地震等部门的专业人士定期开展安全应急演练。消防大队、交警支队、地震等部门也应该积极组织消防、交通、地震等方面的公开演练，同时进行安全专业知识宣传和技能培训。

（三）加强安全管理制度建设，建立应急预案体系

安全管理制度主要通过制订安全管理制度和构建应急预案体系来实现。首先，制订多层级的安全管理制度。各级政府应该根据当地的实际情况，在安全预防监测、灾害信息的及时传递、应急响应、灾后恢复、重大灾害工程的监督实施、安全培训与教育、安全物资的保障、安全评价等方面，制订规范的安全管理制度，促进工作的标准化和规范化。企事业单位应该根据企业单位、事业单位的特点，加强安全工作和安全管理等方面的制度建设，促进安全工作的程序化和安全管理目标责任制的落实，提高企事业单位全体员工的安全意识和责任感。城市街道办事处、公安派出所、社区居委会在当地人民政府的统一领导下，把安全管理制度落实到位。社区安全工作应该采用主要领导负责制。街道办事处、社区居委会、居民住宅区物业管理单位的主要领导对管理范围内的安全工作负总责，并确定专人具体负责社区安全工作。

（四）成立专门机构，明确组织职责

安全文化的建设必须有统一的安全管理机构进行规划设计、实施和总结。具体操作步骤如下：

（1）设立一个跨部门、跨领域的安全管理机构。该机构可以命名为“安全促进委员会”“安全管理委员会”“安全推进委员会”等。该机构将政府部门、医疗卫生机构、社区居委会、社会团体、志愿者组织、居民代表等联合起来，组成一个完整的、各行各业都有代表的安全管理机构，共同开展安全文化的建设。

（2）明确组织职责。安全管理机构的职责主要是应对突发事件和维护社区安全。该机构还要根据社区安全的实际情况制订切实可行的安全管理计划，安全管理计划包括对基础设施的更新改造、安全隐患的预防和预测等内容。根据安全管理计划开展社区内的安全隐患排查。根据安全隐患情况，协助和指导社区工作人员制订预防措施。该机构的设立将在突发事件的应急救援、重大工程的防灾减灾、安全组织体系的构建完善、安全文化的宣传教育、安全管理工作的规范开展、安全制度的制订完善等方面发挥组织协调的作用。

（五）建立社区应急队伍，提升队伍素质

在“政府主导、部门联动、重点突破、整体推进”的原则指导下，加强社区应急队伍建设。应急队伍的建设主要包括以下四个方面。

（1）加强综合应急救援队伍建设。安全管理机构成立之后，还要成立综合应急领导小组和综合救援大队。综合应急领导小组由交通、卫生、地震、环保、公安、水务、消防、城管、民政、武警、电信、交警、建设、国土和安监等部门的负责人构成。社区对综合应急救援大队的工作进行统一安排和指导，并对交通、卫生、消防等部门的应急队伍进行统一的管理和协调。

（2）加强专业应急救援队伍建设。社区负责组建一支由公安、交通、医疗和消防等组成的专业的应急救援队伍。这支队伍在应对突发事件和居民日常生活、工作和学习等安全问题时能够准确、快速地响应，保障居民的人身和财产安全。

（3）加强安全管理专家队伍建设。组建安全管理专家数据库，邀请不同领域的安全专家对社区隐患的排查和治理等工作进行指导。

（4）加强志愿者队伍建设。组建一支由教师、医生、律师、工程师和护士等不同领域的人员构成的志愿者队伍，该队伍在应对突发事件时起着重要的作用。同时应注重志愿者队伍应急救援管理办法的制定，激发民众加入志愿者队伍的积极性，定期组织志愿者队伍的培训和应急救援队伍的演练，提高志愿者队伍的面对突发灾害时的应急响应能力和整体素质。

（六）调动全员参与安全文化建设的积极性

安全工作关乎每一个人的身心健康和家庭幸福，因此安全文化建设必须调动全员的积极性，推动全员参与。社区里存在不同性别、职业和年龄的人员，只有人人参与、全员参与，才能让人人掌握安全知识和技能，才能营造良好的安全文化氛围。

第二节　社区安全培训与宣传教育

在安全管理中，涉及人、机、环、料、法等主要因素，这些因素中人是最重要的、最活跃的因素。多数事故的发生都和人的规划、设计、实施和操作等有关系，因此消除事故的关键在人。人既是安全管理的主体，也是安全管理的客体。为此，面向人的社区安全培训与宣传教育成为社区安全文化建设的重点。

一、社区安全培训与宣传教育的要求

社区安全培训与宣传教育要做好以下五个方面的工作：（1）社区对居民的安全培训和宣传教育要与社区的安全管理目标和计划一致。（2）把社区和社会的资源利用好。（3）全员接受安全培训和宣传教育，对老人、小孩等重点人群可以开展针对性专项培训。（4）要考虑社区不同年龄、性别、职业等人群的安全需求、安全能力和文化水平。（5）要对社区安全培训与宣传教育的成果进行效果评估和检验。

为切实抓好社区安全培训与宣传教育工作，社区主管部门既要配备相应的资源，包括设施、师资、教材等，又要认真制订符合事故与伤害预防目标和计划的宣传教育培训计划，包括年度、季度或阶段计划。同时，在实施培

训计划中，要根据培训对象的文化层次、需求与能力，因材施教，切忌搞“一刀切”，以期获得最好的效果。

二、社区安全培训的层次与内容

社区安全培训工作不是一蹴而就、一劳永逸的事情，应做到分阶段重点突出、分层次各有侧重、循序渐进。

首先，分阶段就是要在安全社区建设启动之初和正常运行两个阶段，突出重点，分别抓好相应的培训。

其次，分层次就是要分别针对社区领导层、管理服务层和广大居民三个层次，各有侧重，安排实施相应的培训。

最后，循序渐进就是要求培训工作要持之以恒、常抓不懈，根据安全社区建设的需要及时抓好培训工作。

按照安全社区建设启动之初和正常运行两个阶段，社区安全培训在不同阶段的内容和要求如下。

（一）安全社区建设启动之初的安全培训

在这一阶段，需要进行专门规范的安全社区知识培训，重点是推广安全社区理念、安全社区建设标准规范及相关要求。通过培训，一是烘托安全社区建设气氛，形成良好氛围；二是让大家正确地理解安全社区的意义和内涵，准确地把握标准的要求，正确策划和实施安全促进项目等。一般情况下，可以分三个层次进行。

1. 安全社区推（促）进委员会及相关部门负责人

领导在建设安全社区的工作中处于关键地位，发挥着主导作用。只有领导的理念、意识和价值观提高了，真正明白了安全社区建设的标准和目标，才能把安全工作落到实处，才能有一个好的开端。另外，安全社区推（促）进委员会及相关部门负责人承担着安全绩效评审的职责，也需要对标准有深刻的理解。这一层次的培训主要内容如下。

概述：包括安全社区的由来及发展，国内外概况，建设安全社区的目的和意义等。

标准理解：简要介绍各条款的含义、要求及实现方法。

建设步骤：简要介绍建设安全社区的主要方法和步骤，每一阶段应进行的主要工作和应满足的基本要求，以及应当注意的问题和绩效评估方法。

2. 安全推（促）进项目工作组成员及社区居委会骨干

首先，安全推（促）进项目工作组成员及社区居委会骨干负责协助安全社区推（促）进委员会及相关部门负责人完成社区安全相关工作。其次，安全推（促）进项目工作组成员及社区居委会骨干需要参与社区安全计划的制订，提出改进社区安全工作的建议。另外，安全推（促）进项目工作组成员及社区居委会骨干还要落实社区安全工作计划，参与社区安全工作的具体实施。最后，需要参与社区安全巡查，及时报告社区内的安全隐患。这一层面的培训主要内容如下。

概述：建设安全社区的目的和意义，安全社区建设的工作标准和规范，建设步骤和方法等内容。

标准理解：详细介绍安全社区建设的工作标准和实现方法。

建设步骤：简要介绍安全社区建设的目的和意义，重点介绍组织开展事故与伤害风险辨识及评价工作、社区内外各单位的联络和协调工作、安全社区建设进度及相关档案管理、安全社区的评估考核制度、安全社区工作开展情况与伤害监测结果、综合评估考核结果及建议改进方案和安全社区推（促）进委员会交办的其他工作事项。

3. 社区居民

社区居民是安全社区建设的主要参与者和受益者。居民与社区的联系越紧密，他们就越能够理解安全社区建设的重要性，从而更积极地参与和支持安全社区建设。社区居民通过参与安全社区建设，可以进一步增强社区凝聚力，为社区发展提供更可靠的支持。这一层面的培训主要内容如下。

概述：社区安全形势、建设安全社区的必要性、安全社区建设效果等。

标准理解：安全社区建设标准和对社区居民的要求。

建设步骤：介绍安全社区建设的各个阶段要做的内容和达到的目标，每一项内容社区居民的任务和目标。

（二）安全社区建设正常运行阶段的安全培训

在这一阶段，需要进行经常性、巩固性的安全社区知识培训。通过培训，进一步深化安全社区理念、意识，进一步保证安全促进项目运作和措施实施；进一步强化安全素质，不断提高事故与伤害防范能力和应急能力，进一步完善社区安全长效机制。一般情况下，同样分三个层次进行，但培训内容与前一阶段明显不同。

1. 安全社区推（促）进委员会及相关部门负责人

培训重点内容为：社区安全形势，社区安全管理要求及责任，社区安全建设中存在的问题及对策，成功的安全社区建设案例等。原则上每年安排一次培训。

2. 安全推（促）进项目工作组成员及社区居委会骨干

培训重点内容为：社区安全建设工作标准、规范，安全促进项目的策划与实施，社区安全管理方法与技术，成功的安全社区建设案例等。原则上每年安排 1～2 次培训。

3. 社区居民

培训重点内容为：社区安全形势，安全社区的基本知识，社区应急知识和健康知识等。原则上每月都应安排相应的培训。

三、社区安全宣传教育的途径与形式

社区安全宣传教育是预防事故的基础性工程，是社区安全文化建设的重要内容。用大家喜闻乐道的方式，推动社区居民在安全意识、安全知识技能、安全态度和安全行为等方面得到提升，有助于营造安全的社区氛围，进而实现安全社区建设的目标。抓好社区安全宣传教育的途径与形式如下。

（一）搭建平台做好社区安全知识宣传教育工作

安全知识宣传教育是社区安全文化建设的重要组成部分。社区要搭建好平台，充分利用社区资源，为居民安全知识宣传教育提供场地。做好社区安全知识宣传教育的方式主要有以下三种：（1）利用好社区学校平台。邀请消防、医疗卫生、交通、地震、洪涝、电力、燃气等方面的专业人员开展各个领域的沙龙、讲座、演练或电教宣传等，将安全的意识和行为传递给社区居民，逐步提高社区居民的安全知识和技能。（2）利用好新媒体平台。充分利用抖音、微信群、QQ 群等网络平台和社区广播、报纸、刊物等渠道宣传安全知识，把社区安全知识的宣传教育通过视频、音频的方式进行传播，使“安全第一”的思想根植于每个居民心中，推动居民积极参与社区的安全文化建设，提高全民安全责任意识、应急意识和法律意识。（3）利用好宣传栏、传单、条幅、黑板报等阵地。在人群密集场所、十字路口、公共场所等设立醒目的安全知识标语、标牌、挂图、灯箱等，推动居民受到安全知识和文化的熏陶，让居民认同社区安全文化、参与安全文化的建设，从而营造社区安全文化氛围。

（二）创新社区安全文化活动的方式

社区开展丰富多彩的安全文化活动，不仅能使居民掌握安全知识和技能，还能让居民陶冶情操、愉悦心情，增强居民对社区安全文化建设的认同感，提高居民参与社区安全文化建设的积极性，有利于社区安全文化氛围的营造。

（1）用最优的、最新的和最具竞争力的方式对社区资源进行整合。充分利用企事业单位、学校等的文化资源，探索“共建、共享、互利、互惠”的新形式，通过丰富多彩的社区文化活动（比如联欢会、趣味运动会、汇报演出等），让居民了解安全文化成果。

（2）发挥老年合唱团、秧歌队、舞蹈队等社区文化团队的作用，推动群众团队积极参与社区安全文化建设。推动他们在活动中融入安全知识宣传和教育，普及安全知识和应急知识，让社区安全文化逐步内化于心、外化于形，深植于每个居民心中。

（3）建设一支安全知识和技术过硬的志愿者队伍。结合社区特色，通过安全知识宣传和教育建设一支安全知识和技能水平高、综合素质好、反应速度快的志愿者队伍，让志愿者队伍在社区进行安全知识宣传教育，营造人人为安全、安全为人人的社区氛围。

第三节　社区安全基本常识

一、社区消防安全常识

为增强居民的防火意识和消防知识，预防和减少各类火灾事故的发生，营造良好的社区消防安全环境。下面介绍火灾应急常识、初起火灾补救方法和家庭预防火灾要求三个方面的内容。

（一）火灾应急常识

要早报警，报警越早损失越小，要牢记“119”火警电话。

火灾初起阶段最易扑灭。在消防队未到之前，如能集中全力扑救，常能化险为夷，转危为安。

失火时，不宜先抢救财物，以免失去逃生的时机。

要沉着冷静，严守秩序，按照疏散指示标志有序逃生，切忌乘坐电梯。

下楼通道被火封住，欲逃无路时，如果楼层低于三层，可以将窗帘、被单等布料连接起来，结成牢固的绳索，一端系在牢固的地方，另一端系在腰上，用布护住手心，顺绳慢慢下滑。如果楼层比较高，可采用防烟堵火措施，切忌盲目跳楼。

逃生时，要背向着火点方向逃生，应尽量绕开起火部位。穿过浓烟时，要用湿毛巾、湿衣物等（注意不宜过湿，应保持透气性）掩住口鼻，尽量使身体贴近地面，弯腰或匍匐前进。注意呼吸要小而浅。带婴儿逃生时可用湿布轻轻蒙在婴儿脸上。

逃离前必须先把有火房间的门关紧。特别是在居民楼里，关闭着火房间，可以把火焰、浓烟锁定在一个房间里，减缓火灾蔓延的速度，为自己和他人赢取一定的逃生时间。

（二）初起火灾扑救方法

一般物品起火，可先用隔离方法防止火势蔓延，即迅速移开着火物或其他可燃物，然后用灭火器、水、拖把或笤帚等物将火扑灭。

炒菜油锅起火，应迅速盖上锅盖，用沙土或浸湿的棉被覆盖灭火，也可使用灭火器灭火，切忌用水浇。

电器起火，先切断电源，再用湿棉被或湿衣物将火压灭，也可使用灭火器灭火。电视机着火要从侧面靠近灭火，以防显示屏爆炸伤人。

液化气罐着火，可用湿衣物、抹布捂压，关阀灭火。

（三）家庭预防火灾要求

对明火源的要求。使用打火机、火柴、香烟、蚊香、蜡烛等明火源时，一定要远离可燃物品，常见的可燃物品有衣服、棉被、塑料用品、木质家具等。人离开时一定要保证烟头、蚊香、蜡烛等明火是熄灭的。当怀疑有燃气泄漏或燃气积聚时，不能使用明火源照明查看。平时不能躺着吸烟，吸完烟后一定要确保烟头熄灭后再扔掉。明火源要放置妥当，一定不能让儿童随意摸到当玩具玩耍。

对旧家用电器的要求。旧电器因用时过长，线路、元器件老化，绝缘性能差，更容易引发火灾事故。放置旧家用电器时一定要远离可燃物品，并对其使用情况提高警惕。超过使用期限的家用电器一定要及时更换，否则会带来安全隐患。在旧家电市场上购买的电器，一定要保证安全性能和产品质量。

对液化石油气瓶的要求。灌装液化石油气事故发生的特别多，因此要定期对气瓶的气密性和承压件的安全性进行检查。进行气瓶胶管更换时，也要检查气密性和安全性。发现故障或怀疑发生故障时，应立即请专业人员检修，切记在石油气周边不可使用明火源。气瓶一旦发生泄漏，要迅速打开门窗，通风换气，泄漏后切不可开关电闸、使用明火，避免产生电火花，引起爆炸事故。

对旧电线和接口的使用要求。要对长期超负荷运行的电线及开关、插座、接线板等老化电器元件定期进行检查或更换。一些老房子在线路未进行升级改造的情况下，用之前的线路安装空调等大功率的电器，容易引发火灾，安装空调时，应该从室外单独引线。对于使用时间过长的线路，建议及时拆除并铺设新的线路。

二、社区交通安全常识

社区交通安全涉及驾驶、乘坐、行人等多方因素。因此，要了解掌握多方面的安全常识。

（一）驾驶人的安全常识

驾驶人要非常熟悉道路交通安全设施，如交通标志、信号灯、隔离栅、防眩设施、路面标线和照明设备等。

驾驶人行驶前，要对车辆周边进行巡视检查，如果发现异常要及时处理，以保证车辆行驶的安全。

驾驶人要清楚无证驾驶和酒后驾驶的危害与后果，做到不超载、不空挡滑行、不违法超车和不超速。驾驶员切勿生病时驾驶和违章驾驶。

驾驶人在保持车辆直线行驶时要轻打方向盘，遇到特殊或需要转弯等情况时要提前减慢速度，禁止在转弯或特殊情况下加速、猛打方向盘、急刹车等情况。

驾驶人不能疲劳驾驶，疲劳驾驶造成的事故数不胜数。驾驶人感觉到疲劳时应该停车休息，等休息好后再继续开车。

驾驶人在开车时不要接打电话，不要和别人发生口角等冲突，保证在情绪比较平和的状态下开车。驾驶人在开车过程中不要摸烟点烟，以免发生意外事故。

驾驶人要遵守交通规则，根据信号灯行驶，礼让行人。在铁路道口等位置时，要主动避让火车。

驾驶人要在车内准备一些应急物品，例如备胎、急救箱、灭火器、车胎防漏剂、手电筒等。

（二）乘坐人的安全常识

乘坐人一定要乘坐合法合规的车辆，拒绝乘坐超员、无牌无证等违法车辆。

乘坐人严禁携带易燃易爆等危险物品乘坐轻轨、公交车等公共交通工具。要熟悉公共交通工具的安全注意事项，熟悉消防器材和安全设施的位置和使用方法等内容。

乘坐人乘坐公共交通工具时，应该在站台上等候，不要拥挤，先下后上。

乘坐人在乘车过程中严禁将头、手等伸出窗外，更不能向窗外乱扔杂物，不能做各种危险动作，要做到文明乘车。

乘车人在乘车时要系好安全带，乘坐公共交通工具时坐稳扶好。

（三）行人的安全常识

行人要了解交通信号。绿灯亮时，行人允许通过，这时行人还要注意观察是否有车辆转弯，以及是否有不遵守交通规则的车辆在硬闯红灯。如果出现绿灯闪烁的情况，行人不再进入人行横道，已经进入人行横道的，可以继续通行。红灯亮时，行人不允许通过。黄灯亮时，已进入人行横道的行人需要在保证周围安全的情况下快速通过。

行人要在人行道内行走。如果没有人行道时，应该靠右行走。如果有人行过街天桥或地道，应该从天桥或地道通过，确实没有人行横道、过街天桥或地道时，应该在车辆比较少，车辆距离人的距离足够安全时通过。在穿过人行横道时，不要低头看手机，不要左顾右盼，不要追逐打闹。

行人不应在非人行道上行走，这样极易造成事故。上下班高峰时，人多车多，极易堵车，行人切不可在拥堵的车中间穿行。高峰过后，行人切不可看着车少就穿越机动车道。

行人在人行道上行走、穿过人行横道、天桥或地下通道时，切不可有边走边看书，边走边玩、低头看手机等行为。

三、居家安全常识

居家安全主要涉及热水器、燃气灶、用气、用电、装修装饰等方面。

（一）热水器使用须知

热水器是指通过各种物理原理，在一定时间内使冷水温度升高变成热水的一种装置。按照原理不同可分为电热水器、燃气热水器、太阳能热水器、磁能热水器、空气能热水器、暖气热水器等。这里主要讲燃气热水器。

浴室应有良好的通风空间、设施，确保空气流通，以免发生一氧化碳中毒事故。

若燃气热水器在使用中出现冒烟、漏水、漏气、有噪声、振动等现象，千万不要继续使用，要马上拨打热水器报修咨询服务热线，让专业人员检查维修。

（二）燃气灶具使用须知

选购安全质量合格的燃气灶具。现在市场上存在一些产品燃气管路的气密性不达标的情况，如果气密性不达标，燃气灶在使用过程中会出现漏气，这样就极易发生火灾事故。个别产品烟气中一氧化碳的含量超标，很可能造成一氧化碳中毒事故。

大部分灶具都有熄火保护装置。没有熄火保护装置是火灾发生的一大元凶。燃气灶打开后，人不能长时间离开。长时间离开时有可能锅被烧干，引发火灾等事故，有可能会出现火被锅中溢出的水或汤浇灭或者被风吹灭，造成煤气泄漏等事故。

燃气灶具在使用过程中要定期保养。要保持灶面干净整洁，当食物、灰尘、杂物等污物堵塞燃烧器上的火孔时，要及时清理干净。还要定期对灶具炉头的通气孔用小铁丝进行疏通。

（三）用气使用须知

我们通常说的燃气主要包括天然气、煤气、石油液化气等可燃气体。使用燃气器具（如燃气灶、燃气热水器等）前需认真阅读说明书，严格按照说明书的要求操作、使用。

平时应充分保证室内的通风，保持足够的氧气，防止燃气泄漏中毒和未充分燃烧产生的一氧化碳中毒。

燃气本身无形无色无味，但它被添加了一种特殊的臭味气体，应时常警惕是否有燃气臭味，也可通过将肥皂水涂抹在燃气的管道接口处、开关、软管、阀门等处，观察有无气泡产生，检查燃气是否泄漏。检查时严禁使用明火照明。

燃气软管平均使用寿命为 18 个月。要对金属管与橡胶管接头处的阀门定期上油，检查阀门的密封性，还要检查连接软管是否有老化现象，如果阀门和连接软管有破损，应及时更换。

在燃气使用过程中要保持燃气灶具的完好，如果发现漏气，应立即关闭燃气总阀门，并找专业人士检修。

不要随意改动户内燃气设施，以免造成燃气泄漏，燃气泄漏是引发燃气事故的一大因素。燃气器具不能密闭安装在橱柜里，以防止燃气积聚发生危险，同时要与电线、水管以及其他物品保持一定的距离。

（四）家庭用电须知

电源线要满足负荷要求，及时更换老化、破损的电源线、插座、用电器，入户电源总保险与分户保险应配置合理，装设具有过载保护功能的漏电保护器，以免发生意外。

房间装修，隐藏在墙内的电源线要放在专用阻燃护套内。

使用电动工具时，应该用安全电压，并且戴绝缘手套。

家用电器如果有损坏，自己不要随便拆卸，应该请专业人士进行修理。

电源的插头、插座不能放在幼儿能接触到的位置。

家用电器在使用时，应有良好接地，室内要设有公用地线。不准靠近或接触任何家电的带电部分，特别是电视机的高压行输出部分。

使用电熨斗等电热器件时，人必须一直在现场，而且周围不能有易燃物品，离开时或使用完毕应拔下插头切断电源，以防发生意外。

使用电源插座、家用电器时，不能湿手操作。电脑等电子产品的使用过程中，不能用湿布进行擦拭。关闭电源后，才能进行家电维护和修理。

当有家用电器着火时，应先切断电源再救火。

（五）家庭装修装饰安全常识

保持室内通风以使新鲜空气流动。卫生间、浴室要保持良好的通风和排风，把有毒有害气体排出室外，使室内空气保持干燥清新。厨房更应该注意通风，把炒菜、炖菜、炖汤等产生的油烟和异味等全部排至室外，使室内空气质量达标。

使用的天然石材应选择辐射小对人体无伤害的品种；多用天然木材少用复合板材；正确选用环保装饰涂料。涂料施工完成后一定要干透，一般让新装修的居室敞开门窗通风一至两个月为佳。

进行室内装修时，应该选择防火等级高的材料，尽量选择难燃或不燃的材料，如果确实要选取可燃材料时，应该采取防火阻燃处理等措施，以达到国家防火标准的要求。

注意厨房、卫生间地砖的防滑，浴缸要铺防滑垫。避免房与房或地砖与地板间高低不平，有铝合金隔断的推拉门或木质推拉门的下部下滑轨道或滑槽一定不要高于地平面，以免被高出的部位绊倒摔跤。

安装防盗网时不要将外侧全部焊死，不要盲目封闭阳台，一定要留有安全门，以便发生火灾时室内人员自救和消防救护人员救援。

家庭装修必须保证房屋原有主体结构的整体性、抗震性、安全性，装修中不能随意拆改居室的任一承重构件。

四、社区治安常识

（一）被歹徒盯上的脱险办法

如果被歹徒盯上，应保持头脑清醒、镇定，可快速向就近的繁华街道、商店、超市等人多的地方转移，或向附近的居民求助。

如果遇上拦路抢劫的歹徒，要以避免正面冲突为上策，同时尽可能记下歹徒的相貌、身高、口音、衣着、逃跑方向等情况，找机会迅速打 110 报警。

总之遇到歹徒，不到万不得已时不要与歹徒发生正面冲突，最重要的是机智，随机应变，并及时报警，寻求他人帮助。

（二）独自在家的应对方法

当一个人在家时，要把房门锁好。如果有人敲门，首先要从猫眼里观察是否认识来人或隔门问清楚来人的身份和目的。如果确定是陌生人，切勿轻易开门。

五、公共场所安全常识

（一）人群拥挤情况的应对措施

当遇到人群拥挤的现象时，一定要稳住脚步，掌握重心的平衡。遇到有人情绪异常或人群出现骚动时，一定要做好准备，保护好自己。鞋带散开或脱落时，不能马上在拥挤的人流中低姿势蹲下，而应等到人少的地方时再系鞋带，以免造成踩踏事件。

当遇到人群和自己行进的方向相反时，应当避到靠近护栏的一侧，做好避让。一定不要逆着人流前进，注意不要被绊倒，一旦被绊倒就可能导致踩踏事件的发生。

在拥挤的人群中，如果发现有人摔倒了，应该立即停下脚步，大声呼救，让后面的人也跟着停下脚步。如果带着孩子遇到了拥挤的人群，应该把孩子抱起来，避免孩子在拥挤中被踩伤。在人流中，靠墙走能避免被推倒，同时要注意保护好身体的脆弱部位和头部。

（二）常见突发情况的应对措施

如果去足球场、大型商场、体育场馆等参加大规模公众活动时，入场前一定要找到安全出口的位置（多数情况下，安全出口和入口不是一个位置），规划出自己的位置到安全出口的路线。另外，还要认真观察，除了出入口是否还有其他的逃生路线。如果不是火灾等突发事件，足球场的草地或体育场的空地也是一个躲避灾难的选择。

如果在观看篮球、足球、排球等激烈比赛，双方球迷情绪高涨、特别激动时，可以撕去身上支持球队的标签，不留下任何标识，以避免被反方球迷攻击。

观看演唱会等大型文体活动时，一定要检查前方踏板的牢固度，不要站在踏板上，以防踏板不牢固而造成事故。如果发生意外事故，不要惊慌失措、盲目乱窜，一定要沉着冷静，按自己规划的逃生路线行进逃生。

（三）应急疏散

在突发事件发生时，应急疏散是减少人员伤亡和财产损失的重要方法。突发事件发生时，一定要保证安全疏散，防止拥挤、摔伤和踩踏等事故的发生。高层建筑应以把受灾人员疏散到地面为目标。具体操作时，首先以事故发生层为主要目标，安排受事故和灾害等威胁最严重的人群进行疏散。疏散逃生过程中要听从指挥，避免造成拥挤和混乱，更不可大叫大闹，大哭大吼，影响其他人的情绪。逃生时还要做好个人防护，根据安全疏散指示标识进行逃生。

（四）公共聚集场所应对措施

公共聚集场所具有人多、突发事件多、情况复杂的特点，常见的突发安全事件有食物中毒、骨折、心脏病猝发等。如果有人食物中毒，应该让其大量喝水，以缓解毒性，如果通过喝水效果不明显，应立即送往医院就诊。如果有人骨折，现场的医务人员可做初步的处理，然后立即送往医院就诊。如果有人心脏病猝发，一定要让其就地先躺平，头稍微抬高一些，由患者自己、亲属或者相关人员从患者口袋寻找药物，让其迅速服下。同时，请就近医院的医生前来救治，待患者病情稳定后立即送往医院救治。

（五）报警注意事项

遇到公共场所意外事故时，应保持镇定，及时报警求助。报警的注意事项有：记住常用的报警电话，等电话拨通后，首先要确认报警无误，之后要清晰地说出事件的发生地点、时间、经过，伤病人员的年龄、性别和伤情等情况，另外要说清自己的电话号码和姓名。

六、社区预防老年人跌倒的措施

（一）社区等相关部门要高度重视预防老年人跌倒的工作

街道、社区卫生服务机构和居委会应定期组织预防老年人跌倒的相关讲座，提高公众对老年人跌倒危害的重视和预防意识。通过讲座、现场讲授等方式让老年人认识可能造成跌倒的因素，明白跌倒的危害程度、后果，让老年人意识到防跌倒措施的重要性。特别是对有听力视力障碍、心脑血管疾病、骨关节疾病等的老年人要进行重点照护。

街道、社区卫生服务机构和居委会应该根据风险评估表对老年人进行风险评估，街道、居委会等要掌握老年人的姓名、性别、年龄等基本信息，还要定期开展入户评估，并为老年人介绍防跌倒措施。

针对独居的老年人，社区要高度重视，并且要定期去走访，因为独居老人是跌倒的高危人群。

街道、社区等部门应该做好公共环境安全保障工作，定期对有可能造成老年人跌倒的因素进行安全隐患排查，然后让物业管理公司等部门消除有可能造成老年人跌倒的危害因素。

街道、社区等部门要检查地面是否铺设了防滑砖，道路地面是否平整干净。小区、街道等处的路灯是否明亮，如果有损坏应该通知工程师傅及时维修。小区、街道等有台阶的地方是否安装了扶手，扶手是否牢固干净。雨天、雪天容易滑倒，社区应安排人员及时清理路面。相关人员还要检查小区等处的楼道是否有杂物堆放，是否有脏物、油污等在地面，如果发现应该及时清理。社区还要安排相关人员设立预防老年人跌倒的警示和标识牌。

街道、社区卫生服务机构、居委会和物业等相关单位和部门应该制订年度规划，安排专门人员负责预防老年人跌倒的工作，定期进行防跌倒的安全隐患排查，为老年人进行入户评估，提高老年人防跌倒的意识和能力。

（二）社区动员

只有动员社区所有人积极参与预防老年人跌倒活动，各项干预措施才能顺利实施。社区动员过程就是促使社区和社区内的所有人员积极参与预防老年人跌倒活动的整个管理过程。

社区动员的过程主要分为以下三步。

（1）得到政府的重视和支持。只有各级政府对预防老年人跌倒给予足够的重视和支持，防跌倒工作才能得以顺利开展，社区领导才能给予必要的资源进行支持。卫生部门应该把人群健康的信息和数据与各级政府进行分享，通过各种方法向政府传递预防老年人跌倒的重要性，引起各级政府部门的高度重视。还可以通过相应的文件对老年人跌倒的预防措施进行规范。

（2）加强跨部门间的合作。做好老年人防跌倒工作需要卫生部门、居委会、业委会和物业管理机构等多个单位的合作。比如老人家中设施设备的改造维修需要物业公司工程管理部门负责，和老年人的沟通协调等需要居委会负责，老年人的疾病治疗需要医务人员负责。

（3）动员各行各业的从业者积极参与。动员专业技术人员的参与是防老年人跌倒项目计划制订、项目实施和效果评估的关键。这里的专业技术人员主要是指社区卫生服务人员，他们是老年人预防跌倒干预活动的实际执行人，直接影响着居民的健康意识和行为。动员社区、家庭和个人的积极参与，只有把居委会、业委会、志愿者和楼栋管家等基层组织的积极性全部调动起来，才能实现老年人的防跌倒干预。另外，老年人防跌倒干预的主体是老年人，只有老年人愿意参与，该活动才能真正执行下去。最后，老年人的家庭也要积极参与，社区应组织丰富多彩的活动，让基层组织、老年人及其家庭掌握跌倒干预的知识，提高跌倒干预的技能水平。

七、社区预防儿童溺水的措施

本节讲的社区防溺水主要从加强监管、改善环境、安全教育、游泳培训、健康教育等方面开展。

（一）加强家长等人员的监管

家长或看护人的监管是预防儿童溺水的主要措施。调查发现，5 岁以下的儿童溺水的重要原因就是家长或者实际监管人监管不到位或者疏忽大意。儿童家长等人应该做到以下几点。

（1）绝对不可以将儿童单独留在开放的水渠、水库、大海等水源边，也不可以把儿童单独留在浴缸、浴盆等存水设施的里面或旁边。

（2）如果儿童在水中或水旁，家长一定要保证儿童与自己的距离触手可及，在监管和看护的过程中一定要专心，不能打电话、看视频或做其他与看护无关的事情。

（3）如果儿童在水边，一定要由成年人看护或监管，不得把儿童交给未成年人看护。

（4）如果儿童开展玩水、乘船或者学习游泳等活动，家长一定要为儿童配备合格的漂浮设备，并且看护儿童正常佩戴。

（5）家长最好带儿童在有专职救生员的公共场所游泳，如果发生意外，救生员可以实施急救，能够降低儿童发生溺水的风险。

（二）改善外部环境

（1）安装围栏。社区可以在池塘、沟渠或者小溪等自然水体周围安装围栏。围栏可以采用竹条、砖、木板、石材等材料制作，围栏高度和间距按国家标准制定，并安排人员定期检查，如果发生有破损之处，应该及时维修。

（2）安装栅栏。家中有小孩且距离池塘、沟渠或者小溪等自然水体较近的家庭，应该在院子或房门等处安装栅栏，以防止小孩自行跑去自然水体玩耍。

（3）存水容器应该加盖盖好。如果家中有婴幼儿，应该做到使用完卫生间的坐便器应及时盖好，浴缸、浴盆用完要及时放水，家里有水桶、水缸也要加盖盖好。

（4）设立警示标识牌。在江、河、海、鱼塘、小溪等周围设立醒目的警示标识牌，禁止儿童下水游泳或接近水体。

（三）社区防溺水安全教育

社区开展防溺水安全教育是家庭防溺水教育和学校防溺水教育的重要补充。尤其是在寒暑假、节假日和上下学期间，儿童自由活动时容易在社区内部发生溺水事件。社区防溺水安全教育的主要人群为儿童的主要监管人（家长或主要看护人等）、儿童、社区志愿者、社区工作人员和社工等。防溺水安全教育主要包括目标明确的宣传和多层面教育培训两个方面。

1. 目标明确的宣传

针对距离池塘、沟渠或者小溪等水源比较近的居民，开展针对性的走访，宣传儿童溺水对生命和身体健康造成的危害。宣传水域的危害因素、危害后果和预防措施，让居民对儿童溺水危害有足够的认识，提高他们的重视程度和防范意识，促使他们加强对儿童的监管和看护，提高社区内居民和工作人员的安全意识（如图 7–1 所示）。

2. 多层面的安全教育培训

组织街道、社区、学校校长、幼儿园园长、校医、幼儿园医护人员、社区医生、教师、居民、孕产妇、志愿者等人员参加安全教育培训，举办家长参加的简单易懂、操作性强的现场急救知识和技术培训，举办儿童和家长同时参与的溺水危害和防范措施安全主题教育的沙龙、讨论等。组织溺水应急救援演练，提高社区居民的自救互救知识和技能。

图 7–1　某社区预防溺水宣传栏

（四）宣传与倡导

儿童防溺水的宣传与倡导包括向社区居民的宣传和向政府有关部门的倡导，社区的宣传倡导对于减少儿童溺水事故有重要的作用。

向公众的宣传可以通过开展丰富多彩的主题活动，通过 QQ 群、微信群、抖音等途径，传递溺水的危害、防溺水的措施等内容，使人们认识到造成溺水的危险因素和溺水的危害，提高居民对儿童防溺水的重视程度和安全意识，减少居民和儿童的危险动作和致害结果。

（五）游泳培训

5 岁以下的儿童主要是加强监管和看护，5 岁以上的儿童可以开展游泳培训。教儿童学会游泳，对儿童安全有重要的保护作用，是预防儿童溺水的好办法。学校如果开设游泳课，应该保证训练场所和所用器材的安全，聘请有资质的教练进行培训，制定防止儿童溺水的应急预案和措施。在一些离自然水体比较近的偏远山区和没有办法建设游泳池的农村地区，可以在自然水体周边修建或者用铁皮、帆布等制作简易的游泳池。教练要教会游泳的规则和技巧，让学生遇到危险情况能够自救。教练还要教会学生识别自然水体的危险性和危害后果，自然水体常受到水温、天气、水深、暗流等因素的影响，水体实际的深度和我们看到的有一定的偏差，不清澈的水体下方有时暗藏着更大的危险。

八、自然灾害防范常识

（一）山洪的防范

保持冷静，迅速判断周边环境，不要沿着行洪道方向跑，要向两侧快速避，或尽快向较高地方转移，以防止被山洪冲走。

注意防止山体滑坡、滚石、泥石流的伤害，如一时躲避不了，应选择一个相对安全的地方避洪，在相对安全的地方等待救援人员的到来。

如果被山洪困在山上，应立即与当地政府的防汛部门联系，寻求救援。

（二）泥石流的防范

特别留意周围的环境，如果听到山谷里发出打雷般的声响，这时要高度警惕，这很可能是泥石流将至的征兆。

当泥石流到来前，应快速转移至地势高的地方，不要在山谷的底部停留太久。

要找到一块平整的高地进行避险，这块高地不可以在山谷底部或者河沟底部，要能避开滚石，而且上面不能有大量的堆积物。

（三）暴雨的防范

突遇暴雨时，一定要快速远离电线、电器等设施，以防漏电导致伤亡。

认真观察周围的警示标志，关注脚下是否有沟渠、池塘、窨井等，一定要看清周围的路面情况。

如果在低洼地区居住，还要预防雨水倒灌入室内，可以采取堆砌土坎、堆砌砖墙、放挡水板等有效措施。

（四）闪电的防范

不要在楼顶或树下避雨，远离金属物质，如铁柄雨伞、铁栅栏、金属晒衣绳。

不要在水面和水边停留，不要在雷雨中快速移动，不要在河里游泳或划船，以防雷电通过水传到人体。

不要接打电话，包括手机和座机。

一旦有人遭雷击，应及时进行抢救，做人工呼吸和体外心脏按摩等，同时急送医院。

（五）地震的防范

1. 正确判断地震

一次地震从有感觉到震动再到震动结束，通常只有几秒到几十秒的时间，一定要保持冷静，正确判断自己所处的环境，迅速采取科学合理的避险措施，千万不能惊慌失措，这一点对于我们的生命安全至关重要。当确认感觉到的是地震，而震动几下就过去了，这可能是当地的有感地震，或者是有一定距离的中强地震，也可能是远距离的强震。一般来说，距离越远的地震，你感觉到的震动周期越长。不过，同一级地震，住在高楼上的人感觉到的震动周期也会比较长。

2. 千万不要跳楼

地震发生时，如果在平房，可以立即逃往室外开阔地避震，其他情况下应迅速就地躲避，震后再迅速撤离到空旷或安全的地方。千万不要盲目跳楼，跳楼轻则受伤，重则危及生命安全。千万不要盲目奔跑，地震时楼房摇晃剧烈，掉落的砖块或物件，随时可能砸伤我们。

3. 家中避震

假如在家中遇到地震，不能及时撤到室外时，一定要沉着冷静，采取“就地避震、先躲避后撤离”的办法，在躲避时首先用枕头、垫子、书包等物品保护头部，就近选择好适合的避震区，抓住牢固的物体，蹲下或坐下，尽量蜷曲身体，降低身体重心，保护好头颈、眼睛，避免砸伤，坚持到震动结束。一旦震动结束，要迅速撤离到安全区域。

除了保护好自己的安全，还要迅速关闭电源、燃气，防止发生火灾、爆炸和有毒气体泄漏事故。

4. 公共场所避震

地震发生时，如果我们正在影剧院、体育馆、展览馆、博物馆、图书馆、商场、车站、码头、机场等人员密集的公共场所，要保持冷静，不要慌乱，迅速采取以下方法避震。

一是在结实的柜台、商品（如低矮家具）、运动器具、柱子边或内墙角等安全地区就地蹲下或趴在排椅下，用手或其他东西保护头部；注意避开吊灯、电扇、广告牌等悬挂物，还要避开橱窗、玻璃门窗等高大不稳的危险物品，更要避开摆放易碎器、尖锐物品和重物的货架。

二是等震动结束后，听从指挥，有组织、有秩序地撤离，不要乱喊乱叫，更不要乱挤乱跑。

三是注意避开人流，如果不得已被挤入人流，要采取靠墙走的方式防止摔倒。

5. 街道避震

地震发生时，如果正在逛街，要就近选择开阔的地方避震。一要迅速避开街边，防止被掉落的玻璃、花盆等物品砸伤。二要迅速避开各种高大建筑物或构筑物，特别是玻璃幕墙、过街天桥、立交桥等。三要迅速避开变压器、电线杆、路灯、广告牌、吊车等危险物或高耸悬挂物。四要迅速远离危旧房屋、储油储气设施、物料堆放处等不安全的地方。

6. 野外避震

当在野外旅游或露营遇到地震时，要迅速撤离到安全地区避震。如果在河边，要迅速离开河岸到高地，因为地震可能导致河堤、水库大坝遭到破坏。如果在海边，要迅速跑到地势较高的地方躲避，因为地震可能引起海啸，海啸是海水的整体移动，与通常的大浪相比，破坏力要大得多。如果在山边、岩边，要迅速离开陡峭的山崖到地势平坦的地方。一旦遇到山崩、滑坡、滚石等灾害，切不可顺着滚石的方向跑，要“横着”往滚石区域两边跑。如果来不及脱离危险地带，应尽可能躲在坚硬的障碍物下，注意保护好头部。

参考文献

［1］赵柱文，武晓敏 . 安全人机工程［M］. 重庆：重庆大学出版社，2014.

［2］罗西瑙 . 没有政府的治理［M］. 剑桥：剑桥大学出版社，1995.

［3］格里·斯托克，华夏风 . 作为理论的治理：五个论点［J］. 国际社会科学杂志，2019（3）：23–32.

［4］俞可平 . 全球治理引论［J］. 马克思主义与现实，2002（1）：20–32.

［5］裴玉龙 . 道路交通安全［M］. 北京：人民交通出版社，2007.

［6］李振良 . 社区公共体育设施对居民健康发展重要性分析［J］. 魅力中国，2018（40）：47.

［7］肖兴志，曾芸 . 工作场所安全规制的经济学分析［J］. 产业经济研究，2007（4）：10–18.

［8］武晓敏，陈宇 . 物业设施设备管理［M］. 北京：中国社会出版社，2022.

［9］北京人民共和国住房和城乡建设部 . 无障碍设计规范（GB50763—2012）［M］. 北京：中国建筑工业出版社，2012.

［10］陈龙，陈晨 . 安全防范工程［M］. 北京：中国电力出版社，2006.

［11］李治欣，徐静珍，张立华 . 社区安全文化建设探讨［J］. 湖南社会科学，2014（3）：117–120.

［12］吴景华 . 浅议综合性商务大楼的设备管理［J］. 苏盐科技，2008（1）：34–36.

［13］张德英 . 浅谈商业综合体火灾自动报警系统的设计［J］. 电子技术与软件工程，2016（10）：158.

［14］张正稳 . 社区安全风险评价及对策研究［D］. 北方工业大学，2021.

［15］景垠娜 . 自然灾害风险评估［D］. 上海师范大学，2010.

［16］滕五晓，陈磊，万蓓蕾 . 社区安全治理模式研究：基于上海社区风险评估实践的探索［J］. 马克思主义与现实，2014（6）：70–75.

［17］温智虹，徐文杰 . 安全科学领域科技期刊选题策划与组稿途径的思

考与实践［J］. 传播与版权，2023（11）：16–19.

［18］张振国 . 城市社区暴雨内涝灾害风险评估研究［D］. 上海师范大学，2014.

［19］王晓芸 . 社区风险管理：提高防御灾害能力的基石［J］. 求实，2011（S1）：197–199.

［20］宗宁 . 城市社区水灾脆弱性评估及风险研究［D］. 华东师范大学，2013.

［21］王君，杨桓 . 社会组织参与应对突发公共卫生事件的回顾与反思［J］. 西华师范大学学报：哲学社会科学版，2021（2）：93–98.

［22］王希坤 . 保险公司风险评估标准化初探［J］. 现代商业，2015（24）：42–43.

［23］国家市场监督管理总局，国家标准化管理委员会 . 风险管理风险评估技术：GB/T 27921–2023［S］. 北京：中国标准出版社，2023：8.

［24］国家市场监督管理总局，国家标准化管理委员会 . 生产经营单位生产安全事故应急预案编制导则：GB/T 29639–2020［S］. 北京：中国标准出版社，2020：9.

［25］应急管理部办公厅 . 乡镇（街道）突发事件应急预案编制参考［EB/OL］.（2023–08–25）. https://www.mem.gov.cn/gk/zfxxgkpt/fdzdgknr/202308/t20230825_460298.shtml.

［26］应急管理部办公厅 . 村（社区）突发事件应急预案编制参考［EB/OL］.（2023–08–25）. https://www.mem.gov.cn/gk/zfxxgkpt/fdzdgknr/202308/t20230825_460298.shtml.

［27］中国就业培训技术指导中心组织编写 . 安全防范设计评估师（基础知识）［M］. 北京：中国劳动社会保障出版社，2007.